KB001857

아픔에도
우선순위가
있나요?

아픔에도 우선순위가 있나요?

김준혁 지음

곰곰

의료인이 아닌 사람에게도 의료윤리가 필요할까요?

'의료윤리'라는 말을 들으면 무엇이 떠오르시나요? 히포크라테스, 슈바이처, 나이팅게일, 장기려처럼 의학의 역사에 뚜렷한 발자취를 남긴 의료인들의 이름을 떠올리는 분이 많지 않을까 합니다. 그렇다면 의료윤리는 의료인의 것이고, 훌륭한 의사나 간호사가 되는 방법과 관련이 있을 거라고 짐작할 수도 있겠네요.

이런 생각이 완전히 틀린 것은 아니에요. 의료인의 행동에 관한 규범, 즉 의료인으로서 바른 행동이 무엇인지를 정하고 교육하는 것이 의료윤리의 중요한 축인 것은 맞습니다. 하지만 이 책에서 이야기하려는 의료윤리는 이런 내용과는 거리가 있어요. 지금부터 우리가 함께 생각해 볼 의료윤리는 환자와 가족을 위한 것이거든요. 살아가면서 환자가 되는 경험을 할 수밖에 없는 바로 우리 모두를 위한 것이지요.

'환자를 위한 의료윤리? 환자들의 바른 행동이 어떤 것인지 말해 준다는 걸까?' 하고 생각하실 수도 있어요. 우리말에서 '윤리'는 사람의 마땅한 도리, 그것도 국가나 사회가 그 공동체에 속한 사람에게 부여하는 규범을 의미하니까요. 그래서 의료윤리도 사람들이 지켜야 할 어떤 규칙을 말하는 거라고 오해하기 쉽지만, 절대 그렇지 않습니다.

이 책에서 말하는 의료윤리란, 의료적 상황에서 어떻게 결정하는 것이 좋고 옳은지를 생각하는 방식이에요. 의료적 상황이란 진료, 입원, 수술 등을 말합니다. 이런 상황에서 좋고 옳은 것이 무엇인지 정해 주는 게 의사의 일 아니냐고요? 의학이나 과학의 원리에 따르면 되지 않느냐고요? 하지만 의학에서 발생하는 모든 일을 전문가 혼자 결정할 수는 없어요. 과학이 다 정해 줄 수도 없고요.

예를 들어 설명해 볼게요. 어느 날 밤, 이가 너무 아픈 거예요. 진통제를 먹고 얼음을 물고 데굴데굴 구르다가 아침이 되자마자 치과에 갔어요. 치과에서는 신경치료를 받아야 한다고 하네요. 그런데, 저는 어릴 때 신경치료를 받다가 감당하기 힘든 통증을 경험한 기억이 있어서 신경치료가 끔찍하게 느껴집니다. 그래서 치과의사 선생님께 신경치료는 싫다고, 치아를 빼고 차라리 임플란트를 하는 게 낫겠다고 말했어요. 의사 선생님은 살릴 수 있는 치아를 빼는 것은 좋지 않다고 난색을 보이시네요.

어느 쪽의 의견을 따라야 할까요?

치과의사의 관점에서는 신경치료를 하는 게 당연해 보이는 상황이에요. 과학적으로나, 치료 비용으로 보나 신경치료가 적절합니다. 하지만, 환자가 느끼는 공포를 비합리적인 것으로 여기고 무시해 버려도 될까요? 게다가 예전에는 치아를 빼고 난 다음에 다른 이를 해 넣으려면 옆의 치아를 깎아 치아를 연결해야 하는 복잡한 과정을 거쳐야 했지만, 뼈에다 직접 나사를 고정하고 그 위에 치아를 만들어 넣는 임플란트 수술은 상대적으로 과정이 간단합니다. 많은 사람이 선택하는 일반화된 치료 방식이고요. 이렇게 환자가 원하는 치료 방식이 있다면 그대로 해 줘야 하는 것 아닐까요?

둘 중 어느 쪽을 따를 것인지 전문가나 과학이 정답을 줄 순 없어요. 의료인과 환자가 더 중요하게 생각하는 것이 서로 다른 상황이기 때문입니다. 이런 경우에는 일단 응급 처치를 한 다음 의료인이 오랜 시간을 들여 환자와 충분히 상담하는 것이 이상적인 과정으로 보입니다. 하지만, 치아 하나를 치료하기 위해 환자와 의료인이 긴 시간을 들이는 게 꼭 필요한 일인지 생각해 볼 필요도 있어요. 그런 과정에 여러 사람이 매달리는 것은 시간과 비용의 낭비일 수 있으니까요.

이렇게 양쪽의 정당한 요구가 충돌하는 경우, 게다가 여러 사항을 함께 고려해야 하는 경우 답을 찾는 과정은 꽤 복잡할 수 있습니다. 분명한 것은 관련된 모두에게 좋아야 하고, 옳은 쪽으로 결정되어야 한다는 거예요. 이렇게 여러 사람의 좋음과 옳음을 따지는 것은 옛날부터 윤리학의 영역이었습니다. 그래서 의료윤리는 의료적 상황에서 어떻게 좋고 옳은 결정을 내릴 수 있을지, 그러려면 무엇을 따져보고 살펴봐야 하는지 생각해 보는 일입니다.

당연히 모두에게 의료윤리가 필요하겠지요? 이 책에서 던지는 질문을 통해 우리에게 어떤 의료윤리가 필요할지 폭넓게 고민하고 함께 이야기 나눌 수 있으면 좋겠습니다.

차례

나도 치료를 결정하는 데
참여할 수 있을까?

얼마 전부터 튀어나온 앞니가 신경 쓰였어요. 내년에 중학교에 들어가는데 그 전에 치료하고 싶었죠. 용기 내 부모님께 교정치료를 받고 싶다고 이야기했지만, 부모님은 반대하셨어요. 특별히 치료가 필요한 정도는 아니라고 하시는 거예요. 주변에는 벌써 교정치료를 시작한 친구도 있는데 말이죠. 부모님에게 친구 이야기를 하면서 오래 졸라 치과에 가는 데까지는 성공했어요. 치과에서 제 얼굴과 입 안 사진을 찍고 치아 모형을 만든 다음, 치료의 과정을 의사 선생님에게 상담받았어요. 그런데 선생님도 제 앞니는 교정이 급한 상황이 아니니 지금 치료를 꼭 해야 하는 건 아니라고 말씀하시는 거예요. 하지만 거울을 볼 때, 친구들과 이야기할 때, 사진 찍을 때 앞니가 도드라져 보이는 것 같아 스트레스가 쌓이는걸요. 내 얼굴이고 내 문제인데, 왜 내 의견은 무시당하는 걸까요?

내 몸에 대해
내가 결정할 수 있는 권리

우리는 내 몸을 내 마음대로 할 수 있다는 생각을 당연하게 여겨요. 이것을 보건의료기본법에서는 '신체 자기결정권'이라고 부릅니다. 나의 신체를 구성하는 여러 부분에 관해 어떤 결정을 내려야 할 때 그 결정의 권리가 자신에게 있다는 생각이지요.

의료와 관련해 생각해 보면 우리는 주로 치료받을 때 몸에 관한 결정을 내립니다. 그런데 이상합니다. 왜 의료법에 '신체 자기결정권'이라는 권리를 명시해 놓았을까요? 이런 권리를 굳이 법으로 마련해 놓은 것은 내 몸 상태에 대해 타인이 판단하고 치료를 결정하던 시절이 있었기 때문 아닐까요? 맞아요. 이전에는 치료받을 때 내가 아니라 가족이나 의사가 결정을 내리는 일이 많았습니다. 이것은 의학적 결성이 지닌 특수성 때문이에요.

환자의 삶의 질 그리고 생명과 관련해 '어떤 결정을 내려야 하나'와 '결정할 때 무엇을 따져 봐야 하나', 의학적 결정이란 보통 이 두 질문을 모두 고려해야 하기에 무척 어렵습니다. 최선의 결정을 내려야 하고, 혹시라도 잘못된 결정을 내렸을 때는 뒤따른 결과에 대해 책임져야 하니까요. 그러다 보니 오래전에는 그나마 의학적 지식을 갖춘 의사가 환자를 위한 결정을 대신 내리는 게 낫다고 여기기도 했습니다. 의사가 환자에게 최선이 되는 선택을 해 줄 거라고 믿었기 때문이지요.

지금도 그 믿음은 크게 바뀌지 않았습니다. 하지만 환자와 보호자, 의사 모두 의학적 결정 앞에서 하나 더 고민할 게 있음을 알게 되었어요. 의사가 좋다고 생각하는 결정과 환자가 좋다고 생각하는 결정이 다를 수 있다는 것이지요. 가령 더는 치료를 통한 생존 가능성이 없는 환자가 있을 때 고통스럽더라도 생명을 연장시키는 의료적 조치를 취하는 게 옳을까요, 아니면 환자 본인이 원한다면 삶을 편안히 마감할 수 있도록 치료를 중단하는 게 맞을까요?

이런 선택의 순간에 의사의 생각과 환자의 생각이 다를 때가 있습니다. 사회 변화와 함께 의료서비스를 바라보고 받아들이는 사람들의 윤리적·법적 기준도 달라지고 있지요. 그리고 의사와 환자의 생각이 다를 때 환자 뜻을 따르는 것의 중요성이 점차 커지고 있어요. 치료는 환자 몸에서 일어나는 일이기 때문입니다.

환자가 청소년인 경우에도 마찬가지입니다. 청소년 또한 진료 과정에서 자기 몸에 일어나는 일을 스스로 결정할 수 있는 권리를 가지고 있습니다. 이것을 '청소년 신체 자기결정권'이라고 불러요. 아직 청소년 신체 자기결정권이 윤리적·법적으로 확립된 것은 아니며, 앞으로 이와 관련해 여러 논의가 벌어질 것입니다. 저는 청소년 신체 자기결정권의 인정과 확대는 논쟁의 여지가 없는 당연한 일이라고 생각하지만요.

하지만 청소년에게 신체 자기결정권이 있음을 인식하는 사람들이 늘어난다고 문제가 다 해결되는 것은 아니에요. 이렇게 어려운 결정을 청소년 환자에게만 맡기는 것은 그 결과에 대한 책임 또한 그 청소년 환자가 모두 짊어져야 한다는 말이 될 수도 있거든요. 그렇기에 저와 같은 의료윤리학자는 의료인과 환자가 함께 더 좋은 결정을 내릴 방법을 고민하고 있어요.

성인 환자의 경우, 의료인이 신체 변화에 따르는 문제를 설명한 다음 환자에게 본인이 처한 상황을 고려해 어떤 결정을 내리고 싶은지 묻습니다. 반면 청소년 환자는 다릅니다. 먼저 부모님과 의료인이 상의하고 결정을 내린 후 청소년에게 상황을 설명하면서 그 결정에 동의할 수 있는지를 묻지요. 청소년은 질병이나 사고로 인해 신체에 가해지는 변화를 포함해 혼자서 자기 몸에 대한 어떤 결정을 내리거나 그 결과를 감당하기에 사회적·경제적 여건상 많은 어려움을 겪을 수 있기 때문이에요.

병원에서 결정은
어떻게 이루어질까?

'청소년의 신체 자기결정권은 몸에서 벌어지는 일에 관한 결정을 스스로 내릴 수 있는 권리라면서! 그런데 의학적 결정은 의료진, 부모님과 함께 내려야 한다고?' 이렇게 의아해하는 사람도 있을 거예요. 왜 '함께 결정하는 방식'이 필요한지 알아보기 위해 의료적 결정 과정에 대해 먼저 살펴볼까요?

현재 병원에서 결정을 내리는 방식을 '충분한 설명에 의한 동의'라고 불러요. 이름이 엄청 길지요? 의료인은 환자에게 주어진 선택지에 대해 그 내용을 충분히 설명하고, 환자는 이를 제대로 이해한 상태에서 스스로 결정을 내려야 한다는 의미입니다. 어떤 이유로 이런 결정 방식을 따르게 되었을까요?

1908년의 일입니다. 메리 슐뢴도르프라는 사람이 배가 아파 뉴욕병원에 입원했어요. 의사는 왼쪽 팔에서 섬유종, 쉽게 말하면 혹 같은 것을 발견하고 수술을 권했지만, 슐뢴도르프 씨는 절대 수술하지 않겠다고 거부했어요. 그때 마침 검사를 위해 마취해야 할 일이 생겼는데요. 검사를 진행하던 의사는 팔의 혹이 거슬렸는지 마음대로 수술해 혹을 제거해 버렸습니다. 그런데 수술에 문제가 있었는지, 검사 이후 섬유종을 뗀 부위가 점차 썩어 들어 갔고, 결국 슐륀도르프 씨는 손가락 몇 개를 잘라야 했어요. 이후 그는 병원을 상대로 소송을 제기했습니다.

이 사건과 관련해 벤저민 카도조 대법관은 다음과 같은 판결을 내렸습니다. "건전한 정신을 가진 모든 성인은 자기 신체에 벌어지는 일을 결정할 권리가 있다. 의사가 환자의 동의 없이 수술을 하면, 그것은 폭행과 다름없으므로 의사는 손상에 대한 책임을 져야 한다."[1] 이 판결을 통해 병원에서 의학적 결정을 할 때 환자의 동의를 받아야 한다는 원칙이 확립되었어요. 이것이 바로 '충분한 설명에 의한 동의'의 출발점입니다.

그렇다면 '충분한 설명'이라는 문구는 왜 필요했을까요? 이는 40년 뒤, 마틴 살고라는 환자가 대동맥조영술을 받은 후 후유증으로 영구 마비에 빠진 사건에서 비롯합니다. 살고 씨는 만약 후유증이 발생할 가능성이 있는 줄 알았다면 조영술을 받지 않았을 거라며 병원에 소송을 제기했지요. 이 사건으로 '충분한 설명', 즉 치료나 수술과 관련한 정보를 의료인이 환자에게 충분히 설명해야 한다는 내용이 '동의'를 보충하게 되었습니다.

저마다 다양한 증상을 가진 수많은 환자가 오가는 숨 가쁜 병원 환경에서 이런 '충분한 설명에 의한 동의'는 괜한 일처럼 여겨지는 경우가 종종 있어요. 의료인은 업무가 많아 바쁜데 환자에게 설명까지 하라고 하니 사무적으로 동의서를 읽어 주고 몇 가지 중요한 사항에 동그라미를 쳐서 내밉니다. 환자는 빨리 치료를 받아야 하니 마지못해 동의란에 서명합니다.

　이런 형식적인 동의 과정은 환자와 의료인 모두에게 불만족스러운 결과를 남기기 마련입니다. 환자는 의료인이 자기 말을 귀담아듣지 않고 설명도 대충 했다고 생각하기 쉽습니다. 의료인은 환자를 위해 자세히 설명하고 싶어도 더 많은 환자를 받아 이윤을 남겨야 하는 병원 시스템의 압박 때문에 그럴 수 없어 답답해하지요. 변화가 더디긴 해도 이런 상황을 개선하기 위해 노력하는 의료인과 환자, 보호자 들이 있어 다른 진료 방식을 도입하려는 시도가 이어지고 있어요.

　이 문제와 관련해서 카도조 판사의 판결문을 다시 볼 필요가 있습니다. 그는 판결문에서 '건전한 정신을 가진 모든 성인'이 동의 대상자라고 밝혔지요. 즉, 청소년이나 정신질환자, 정신장애인은 의학적 결정에서 동의를 표할 수 있는 대상이 아니라고 보았던 거예요. 여기에서 우리는 이 판결이 100년도 더 전의 일이라는 점을 고려할 필요가 있어요. 당시에는 청소년의 의사를 존중하지 않았으니까요.

　그러나 '동의'에서 중요한 것이 충분한 설명을 듣고 이해에 따라 잘 결정할 능력이라면, 나이라는 기준으로 '성인'만 가능하다고 선을 그을 필요는 없습니다. 자신의 몸과 마음을 감각하는 존재로서 청소년도 의사의 설명을 이해할 수 있고, 그에 따른 동의를 표할 능력을 충분히 지녔음을 우리는 알고 있습니다. 따라서 청소년 역시 '충분한 설명에 의한 동의' 방식을 제공받을 권리와 신체 자기결정권이 있음을 인정하는 것이지요.

환자 마음대로
결정할 수 없는 이유

이제 우리는 청소년도 의학적 결정 앞에서 충분한 설명을 들은 상태에서 동의하거나 내 몸에 대해 스스로 선택할 권리가 있음을 확인했어요. 그러나 이것이 '청소년에게 모든 결정을 일임하는 것'은 아님을 분명히 할 필요가 있습니다. 왜 그럴까요? 우리가 치료를 받을 때 맺는 관계에 대해 생각해 봅시다.

아픈 사람은 혼자서 앓을 수도 있고 주변 사람에게 돌봄을 받을 수도 있어요. 병원을 찾아갈 수도 있습니다. 병원에 간 아픈 사람은 그를 담당하는 의사의 진단을 받고 환자가 됩니다. 이때 환자와 의료인이 맺는 관계가 진료의 출발점이 됩니다. 환자나 의료인이 없이는 진료가 이루어질 수 없을 테니까요.

소아·청소년이 진료를 받을 때는 한 사람이 더 있습니다. 바로 보호자예요. 보통 부모님이겠지만, 아닌 경우도 있지요. 성인 진료가 '환자-의료진', 즉 일대일로 이루어진 관계인 것과 달리 소아·청소년 진료는 '환자-의료인-보호자'의 삼각관계를 맺습니다. 진료에 대해 함께 의논하는 구성원이 다르기 때문에 결정과 진행, 결과에 차이가 있는 것은 당연해요. 무엇보다 결정을 내리는 방식이 달라지지요.

환자와 의료인이 결정의 중심에 있을 때, 의료인의 전문지식과 경험이 환자가 바라는 것과 어떻게 연결되는지가 중요해요. 소아·청소년 진료에서는 이에 더해 보호자가 바라는 것과 사회·경제적 상황 등 여러 조건이 결정을 내리는 데에 영향을 미치게 됩니다. 좋은 결정을 내리려면 이 모든 것을 다 살펴야 하지요. 이 과정에서 환자인 청소년의 바람은 아무래도 여러 요소 중 하나일 뿐 가장 중요한 요소가 되긴 어려워요. 상황에 따라 다를 순 있겠지만요.

소아·청소년, 특히 청소년 진료에서 가장 좋은 방법은 환자 본인인 청소년 그리고 보호자와 의료인이 모여 여러 치료법을 살펴보고 함께 이야기해 본 다음, 깊이 고민하는 과정을 거쳐 결정을 내리는 것입니다. 성인 대상 진료에서도 마찬가지지만, 청소년 진료에선 이 점이 더 중요하지요. 특히 환자인 청소년의 삶에 오래 영향을 미치거나 생명이 위험해질 가능성을 감수해야 하는 치료일 경우엔 더 그렇겠지요? 이런 방식을 우리는 '공유 의사결정'이라고 부릅니다. 아직 관련한 논의나 연구가 충분하지 않아 실제로 적용은 되고 있지 않지만요.

이렇다 보니 청소년은 치료에 대한 결정에서 한발 뒤로 물러나 있다는 생각이 들 거예요. 여전히 많은 사람이 의학적 결정은 청소년을 배제한 의료인과 보호자의 몫인 것으로 여기고 있기도 하고요. 하지만 '충분한 설명에 의한 동의'와 청소년 신체 자기결정권이라는 개념이 계속 알려지고 있으니, 이 문제에 대해 고민하고 생각을 나누는 사람들이 늘어날 테고 사회적 분위기도 점차 바뀔 거예요. 진료 결정 과정에서 청소년의 참여 확대 방법을 논의하기 위한 장이 넓어지리라고, 저는 믿습니다.

치료 앞에서
우리가 할 수 있는 선택

청소년이 진료 결정 과정에 참여할 수 있게 되는 날을 손꼽아 기다리는 독자들이 있을 겁니다. 그런 날이 오기를 저 또한 바라지만, 청소년이 혼자 의료적 결정을 할 수 있게 되는 방향은 아닐 거예요. 나이 때문이 아닙니다. 성인 환자도 이 점에선 마찬가지거든요. 앞서 말한 것처럼 의료적 결정은 무척 어려운 일이므로 그에 따른 결과와 책임을 오롯이 환자가 지게 되는 것도, 의학적 지식에 대한 고려 없이 환자가 그냥 결정하는 것도 좋은 일은 아니니까요.

하루빨리 교정치료를 받고 싶어 하는 마음은 이해가 가요. 그런데 일반적인 교정치료는 2년이 넘는 긴 시간이 걸립니다. 그에 따른 심리적 영향도 고려해야 하지요. 게다가 치료하는 동안 세심하게 관리하지 않으면 충치가 쉽게 생길 수 있는 환경이 만들어져요. 치료가 끝난 후에도 다시 원래 상태로 돌아가지 않도록 유지 치료도 해야 하고요. 아마도 선생님과 부모님은 이런 점을 고려했기 때문에 지금은 교정치료를 받기에 적절한 시기가 아니라고 판단하지 않았을까요?

이런 이유로 의사의 설명을 듣고 보호자와 이야기를 나누는 일이 중요합니다. 예를 들어 치료를 하지 않거나 미룸으로써 얻을 수 있는 이득은 무엇인지, 미룬다면 언제로 어느 정도 미루는 게 좋을지, 어떤 치료법이 있는지 등을 구체적으로 물어보고 상세한 설명을 들어 보는 거지요. 그 과정에서 내 몸의 문제를 좀 더 정확하게 알게 되고, 해결하고 싶다면 어떻게 할 것인지에 대한 계획이 머릿속에 그려질 거예요. 이런 경험이 치료에 적절한

시기가 되었을 때 여러분이 좋은 선택을 하는 데 밑거름이 되어
줄 것입니다.

중2병이라고들 하지만,
나 우울증 아닐까?

요새 짜증이 부쩍 늘었다는 이야기를 많이 들어요. 아침에는 왜 이리 일어나기가 힘든지 모르겠고요. 밤늦게까지 스마트폰으로 친구들과 대화하고 SNS를 하는 날이 많긴 해요. 하지만 일찍 잔 다음 날에도 너무 피곤한걸요. 솔직히 말하자면, 요즘은 뭘 해도 재미가 없으니 아침에 눈 뜨기 싫은 것도 있어요. 친구들에게 이런 이야기를 털어놔 봐야 소용없는 것 같고요. 부모님은 너도 어쩔 수 없는 중2병이라면서 사춘기를 겪는 중이라 그렇다는 거예요. 최근에 제가 이유 없이 짜증을 낸다며 타박만 하시고요. 저도 이런 제 마음이 그냥 지나가겠지 싶었지만, 그게 벌써 몇 달이 지났어요. 이제는 출구가 없는 것 같다는 생각도 들어요. 저 정말 '중2병'이기만 한 걸까요?

청소년도
우울증에 걸릴까?

날마다 너무 우울하다고요? 매우 힘든 시간을 보내고 있겠네요. 마음으로나마 응원을 보냅니다. 사연만으로 확신할 수는 없지만, 청소년 우울증의 가능성을 배제하기 어려울 것 같아요. 정확한 진단을 받으려면 소아·청소년 정신건강의학과에 찾아가 의사 선생님과 상담해 봐야 할 거예요.

그 전에 청소년 우울증에 대해 함께 알아봅시다. '중2병'이라고, 또는 사춘기라고 치부하고 넘어가는 상태가 실은 청소년 우울증인 경우가 더러 있다고 하니까요.

국회입법조사처 보고서에 따르면, 아동·청소년기 우울증 진단율이 계속 증가하고 있어요. 2016년에는 우울증으로 진단받은 아동·청소년이 2만 6,054명이었다가, 2020년에는 4민 8,221명으로 거의 두 배 가까이 늘어났거든요. 특히 우울증 진단은 아동기(0~9세)에는 드물고 거의 청소년기(10~19세)에 집중되어 있다는 점에 주목해야 합니다.

2019년 자료를 보면 '지난 2주 동안 스트레스를 느낀 적이 있다'라는 항목에 그렇다고 대답한 성인이 28.6%인 반면 청소년은 39.9%였어요. 상당히 차이가 나지요. '지난 2주 동안 일상생활에 지장이 있을 정도로 슬프거나 절망감을 느낀 적이 있다'라는 항목에 그렇다고 대답한 성인은 10.5%인데 청소년은 28.2%네요. 자신이 스트레스나 우울한 감정을 느꼈다고 답한 청소년이 많음을 알 수 있어요.[1]

십 대에 우울감을 경험하고 우울증 진단을 받는 경우가 종종 있지만, 마음의 어려움을 겪다가 용기 내 주변에 털어놓아도 "사춘기라서 그런 거야"라는 말을 듣는 청소년이 여전히 많습니다. "그 나이대 아이들이 다 그렇지 뭘!" 하고 별거 아닌 것처럼 여기는 반응을 마주하기도 하고요. 이런 반응에 좌절하고 마음의 문을 닫는 청소년들을 생각하면 무척 안타깝습니다.

물론 중학교에 다닐 무렵의 청소년들은 이전과 다른 모습을 보이곤 해요. 특히 십 대에는 이차성징이 일어납니다. 호르몬으로 인한 신체 변화를 경험하는 데다가 뇌에서도 변화가 일어나지요. 이런 생리적 변화를 겪는 사춘기 십 대들은 불안정한 감정 상태에 빠지기 쉽고, 충동조절에 어려움을 겪을 수 있어요.

게다가 입시 경쟁이 심한 한국의 학생들은 학업 외의 활동에서 자유를 제한당하는 경우가 많습니다. 신체적 변화를 겪는 가운데 경쟁의 압박도 이겨 내야 하고, 성장의 시기를 지나며 '나는 누구인가', '세계란 무엇인가'와 같은 근원적 질문과 마주하며 각자의 답을 찾기 위해 고군분투하는 청소년들이 독특한 문화를 형성하는 것은 이상한 일이 아니라는 생각도 듭니다.

그럼에도 청소년의 행동을 그저 사춘기의 특성으로만 취급하는 경우가 많다 보니 정작 그 시기에 겪는 정신적 위기가 제대로 주목받지 못하기도 해요. 하지만 짜증과 함께 수면 시간이 늘고, 타인과 소통하려 하지 않는 모습 등은 청소년 우울증의 특징이기도 하기에 청소년 자신과 주변 사람 모두 보다 주의를 기울일 필요가 있지요.

다음 표를 통해 현재 자기 상태를 상세히 살펴볼까요? 항목을 잘 읽고, 지난 일주일 동안 얼마나 자주 이런 일을 겪었는지, 해당하는 칸에 O 표시를 하세요. 그리고 각 문항의 점수를 합산해 보세요.

번호	문항	전혀 없었다	한두 번 있었다	많이 있었다	매일 있었다
1	모든 일이 귀찮게 느껴졌다	0	1	2	3
2	입맛이 없었다	0	1	2	3
3	행복하지 않았다	0	1	2	3
4	나도 다른 아이들만큼 괜찮은 아이라고 느꼈다	3	2	1	0

5	집중을 할 수가 없었다	0	1	2	3
6	기분이 처지고 우울했다	0	1	2	3
7	피곤함을 많이 느꼈다	0	1	2	3
8	좋은 일이 생길 것 같았다	3	2	1	0
9	일이 제대로 풀리지 않았다	0	1	2	3
10	두려움을 느꼈다	0	1	2	3
11	잠이 안 왔다	0	1	2	3
12	행복했다	3	2	1	0
13	말수가 줄었다	0	1	2	3
14	외로움을 느꼈다	0	1	2	3
15	아이들이 다정하지 않게 느껴졌다	0	1	2	3
16	즐거운 시간을 보냈다	3	2	1	0
17	울고 싶은 기분이었다	0	1	2	3
18	슬픔을 느꼈다	0	1	2	3
19	사람들이 나를 좋아하지 않는 것 같았다	0	1	2	3
20	무슨 일을 시작하기가 힘들었다	0	1	2	3

이 표의 이름은 '소아·청소년 우울척도'라고 해요. 1980년 정신역학자 미르나 바이스만 등이 개발했는데, 우울증인지 아닌지 진단할 때 많이 사용되는 자료예요.[2] 표의 점수를 모두 더했을 때 39점 이상이 나왔다면, 우울증과 관련해 전문적인 도움이 필

요합니다.

여러분의 점수는 어떤가요? 39점을 넘기나요? 아니면 한참 모자란가요? '우울증'이라고 하면 기운이 없거나 침울한 상태만 떠올리는 사람들도 있는데, 청소년의 우울증은 무단결석이나 비행 등 위장된 형태로 드러나는 경우도 있어요. 이를 '가면성 우울'이라고 합니다. 마치 가면을 쓴 것처럼 본인을 포함해 주변 사람 모두가 청소년의 특정 행동이 우울증의 증상임을 알아차리지 못할 수 있다는 의미예요. 그러니 몸과 마음의 상태를 잘 살펴야 해요.

마음의 어려움을 느낄 때는 혼자서 앓거나 고민하기보다는 전문가의 도움을 받는 것이 중요합니다. 물론 병을 치료하는 일이 말처럼 쉬운 일은 아니에요. 정신질환을 앓는다는 사실이 밝혀지면 색안경을 끼고 보는 사람들도 있으니까요. 또 힘들 때는 이불 밖으로 빠져나오는 것조차 어려울 때가 있잖아요. 그런데 사람들은 정신과병원에 가는 일이 마치 나쁜 일인 것처럼 생각하지요. 이 문제에 대해 조금 더 알아봅시다.

질병에 대한
사회적 낙인

질병으로 인한 차별은 오래된 현상이에요. 예전부터 사람들은 감염병을 무서워했어요. 하지만 독감과 같은 감염병은 그 증상이 당장 뚜렷한 신체적 변화로 나타나지는 않습니다. 그래서 감염자를 비감염자와 구별해 차별하거나 할 수는 없었지요. 중세 유럽을 휩쓸었던 흑사병, 즉 페스트균에 의한 급성전염병도 환자를 특정하지는 않았어요. 당시 사람들은 질병이 발생한 집이나 지역에 내려앉은 '나쁜 공기'가 질병을 일으킨다고 생각했거든요. 그래서 사람들은 감염병이 발생한 집이나 그들이 탄 배를 격리했어요.

환자를 개인 단위로 구분하고 격리하는 현상이 나타난 것은 질병으로 인한 증상이 겉으로 드러나는지와 관련되었습니다. 예컨대 피부질환 같은 경우였지요. 피부질환 환자의 거주지를 마을 바깥에 두고 특정한 사람만 접촉하며 관리하게 한 것은 그리스나 이스라엘 등 여러 지역의 고대 기록에서 등장해요.

즉 피부질환자는 증상이 확연히 나타난다는 특성 때문에 다른 질병을 가진 환자보다 나쁜 대우를 받았습니다. 다른 사람들과 구별된 이 환자들은 별도의 관리대상이 되어 겨우 삶을 이어 갔어요. 이것은 피부질환자를 대상으로 한 차별입니다. 특정 집단이 그 집단의 고유한 특징으로 인해 다른 집단에 비해 나쁜 대우를 받은 것이니까요.

물론 요즘도 감염병에 사회적으로 대응하는 기본 방법은 격리입니다. 해당 질병의 특성을 파악하고 의료적 대응을 위한 시간을 벌기 위해 격리는 여전히 중요하고 소중한 공중보건적 접근방법이에요. 단, 이 과정에서 격리 대상자가 지니는 권리에 대한 논의는 역사적으로 발전해 왔지요. 고대의 피부질환자들은 그들이 어떤 권리를 보장받을 수 있을지 고려한 환경에서 치료받을 수 없었기 때문에 차별을 받았다고 보는 것입니다.

이러한 차별은 '낙인효과'로 연결되기도 합니다. 낙인은 어떤 사람이나 집단이 부정적인 평가나 대우를 받는 겁니다. 그리고 그 영향으로 그 대상이 실제로 부정적인 방향으로 행동하게 되는 일을 일컬어 낙인효과라고 불러요. 어떤 사람이나 집단에 부정적인 이름표가 붙고, 그것이 그들을 계속해서 부정적으로 행동하게 만드는 경향이 있다는 것이지요.

예를 들어 봅시다. 학교 수업시간에 선생님이 어떤 학생에게 질문을 던졌습니다. 그런데 학생이 제때 대답을 못했어요. 그날 이후 아이들은 친구에게 '바보'라는 별명을 붙이고 놀리기 시작합니다. 이 학생은 단지 긴장해서 대답을 못했을 뿐인데, 반 아이들로부터 계속 놀림을 받습니다. 점점 의기소침해진 학생은 수업에 적극적으로 참여하지 못해 공부를 멀리하게 되고, 결국 성적이 떨어지게 됩니다. 이 학생은 '바보'라는 낙인으로 인해 시험 성적까지 떨어지는 낙인효과를 경험한 거예요.

정신질환과 정신질환자 또한 오랫동안 낙인효과의 대상이 되어 왔습니다. 사람들은 질환이나 장애를 가지면 시설에 갇혀 사회와 분리되거나, 정상적인 사회생활을 할 수 없게 된다는 두려움을 경험해야 했지요. 이런 두려움은 정신질환자의 심적 상태에 나쁜 영향을 미쳐 증상을 악화할 수 있습니다. 그리고 이는 다시 정신질환과 정신질환자에 대한 사회적 인식을 악화하는 결과를 가져오게 되고요.

현재까지도 이런 낙인효과가 남아 있다 보니 환자들이 정신질환의 진단과 치료를 꺼리기도 합니다. 의사와 상담하기 위해 병원에 가는 것부터가 장애물을 넘는 일이 되다 보니 진단을 받는 일 자체가 쉽지 않은 것이지요. 환자들의 이러한 심적 문턱을 낮추기 위해 정신과는 그 이름을 정신건강의학과로 바꾸고, 우울증에는 '마음의 감기'라는 별명을 붙였어요. 평범한 사람 누구나 감기에 걸릴 수 있는 것처럼 우울증 역시 그렇거든요. 2016년에는 정부가 '정신건강 종합대책'을 마련해 시·군·구 정신건강증

진센터에 정신건강의학과 의사를 배치하는 등 정신건강 서비스 이용의 문턱을 낮추기 위한 노력을 기울이기도 했지요.

그러나, 여전히 청소년의 경우에는 '나 혹시 우울증 아닐까?' 하며 정신건강의학과 방문을 결심한다 해도 여러 장벽에 부딪힙니다. 부모님이랑 정신건강과 관련한 이야기를 나누기 어려운 우리나라 문화에서, 일단 부모님께 말씀드려야 병원에 갈 수 있다는 것 자체가 병원 방문을 어렵게 만들지요. 부모님은 정신건강의학과에 갔다가 혹시라도 자녀가 피해를 볼까 봐 걱정하는 마음에서 병원 방문을 주저할 수 있고요. 이게 바로 낙인효과입니다. 정신질환을 향한 근거 없는 비난과 낮은 대우가 이러한 결과를 가져온 것이지요.

모든 문제를 병원에서
쉽게 해결할 수 있다면

여기까지 보면 이런 생각이 들 수도 있을 거예요. '편견과 낙인도 문제지만, 정신건강의학과가 더 많아져 관련 서비스를 편히 자주 이용하도록 만들어야 하는 거 아닌가?' 맞아요. 코로나19 상황에서 전 세계적으로 정신건강이 악화되었으나 그 해결책은 충분히 주어지지 않았다는 세계보건기구의 발표도 있었지요.[3] 우리는 아직 정신건강에 관해 충분한 의료서비스를 받지 못하고 있고, 이 부분은 개선이 필요해요.

하지만 한편으로, 이런 의료서비스가 무조건 늘어나기만 하면 되는지도 생각해 볼 필요가 있습니다. 미국의 주의력결핍과 잉행동장애, 즉 ADHD(attention deficit hyperactivity disorder) 치료에 사용되는 약물인 애더럴 남용 문제를 예로 들어 볼게요.

애더럴은 각성제인데요. 이 약물은 복용자의 집중력을 강화하는 효과가 있어 '공부 잘하는 약'으로 알려졌지만 오용하거나 남용하면 인체에 심각한 위해를 끼치기에 특별한 관리가 필요한 약품으로 분류되었습니다. 현재 우리나라에서는 식품의약품안전처가 이 약의 처방과 복용을 금지하고 있고요. 하지만 미국의 상황은 좀 다릅니다.

정신과의사 존 파야드 등의 논문에 따르면, 전 세계에서 2017년 기준으로 청소년기 ADHD의 진단율은 평균 2.2%입니다.[4] 유럽의 경우 1.8%(독일)에서 4.7%(프랑스)까지 다양하게 나타나지요. 반면 미국은 평균 8.1%이며, 주에 따라 16%(2011년, 켄터키주)가 넘는 경우도 있습니다.[5] 이에 따르면 미국 청소년 다섯 명 중 한 명이 ADHD 진단을 받았다는 말인데요. 미국에서는 그만큼 ADHD 진단을 받기도 쉽고, 그 결과로 애더럴 처방을 받는 일도 많습니다.

　다른 국가보다 유난히 미국의 청소년들에게 ADHD가 많이 발생하는 이유라도 있는 걸까요? 현재 의학계에서는 환경과 같은 원인이 있다기보다 과잉 진단으로 약이 남용되는 것 아닐까 하는 우려가 제기되고 있습니다. 실제로 미국에서 시험에 대비하고자 집중력을 높이려는 목적으로 애더럴을 사용한다는 보고가 심심치 않게 있으며, 그 남용의 문제점을 지적하는 다큐멘터리도 방영된 바 있어요.[6]

　애더럴이 집중력을 강화하는 효능만 있고 부작용이 전혀 없다면, 이는 과한 우려겠지요. 하지만 이 약물의 경우 복용하는 사람에 따라 식욕 감퇴, 체중감소, 구역질, 두통, 불안장애 등의 증상이 나타날 수 있습니다. 그러니 함부로 복용해서는 안 되겠지요? 이처럼 진료와 처방은 조심스럽게 접근해야 합니다. 모든 의료 분야가 마찬가지지만 정신건강의학과는 특히 더 그렇지요.

　물론 한국의 상황은 미국과 같지 않습니다. 앞에서 살핀 것처럼 우리나라는 정신건강의학과에 방문하고 치료를 받는 것 자체를 어렵게 여기는 문화가 깊이 자리 잡고 있으니까요. 사람들은 정신건강의학과에서 진료나 치료를 받은 이력이 취직 등에 미칠 악영향을 걱정합니다. 이처럼 우리나라의 사회적 분위기가 정신건강의학과에 가는 것을 꺼리는 편이라 ADHD 진단

률도 낮고 당연히 애더럴 처방도 많지 않습니다. 게다가 애더럴은 국내에서 금지약물로 지정되어 있어 아예 처방이 불가능하지요. 그럼에도 이 약물을 예로 든 것은 정신건강의학과에서 의료서비스라는 명목으로 진단이 남용되면 사회적 문제가 일어날 수 있음을 참고해, 우리의 문제를 어떻게 해결할지 생각해 보는 것이 중요함을 말하고 싶어서예요.

그럼 이제 다시 생각해 봅시다. 우리 몸의 모든 문제를 병원이 해결해 주는 사회는 좋은 사회일까요? 이를테면 몸이 조금만 아파도, 조금만 힘들거나 슬픈 일이 있어도 병원에 가는 사회 말이지요. 이런 사회는 오히려 '건강하지 않은' 사회라고 말할 수 있어요. 의료서비스에 너무 큰 비용을 쓴다는 문제도 있지만, 개인이 마주하는 모든 건강 문제를 의학의 방식으로 처리할 때 우리에게 남는 건 긴 진단 목록과 더 긴 처방전뿐일 테니까요. 약이 모든 것을 해결할 수 없기도 하고요.

정신건강의 영역에서도 마찬가지입니다. 정신건강의학과의 도움이 필요한데도 선뜻 가지 못하는 지금 우리 사회에는 분명 문제가 있습니다. 하지만 예로 든 미국의 상황처럼, 질병 진단이 남발되고 약이 오·남용되는 사회에도 문제가 있지요. 적정선을 찾고 지키는 것이 중요해요. 이 선은 훌륭한 의사 한 사람이나 의료 공동체의 노력만으로는 찾기 어렵습니다. 그래서도 안 되고요. 의료적 도움을 필요로 하는 개인과 사회 그리고 의료적 지식을 제공하는 의료계가 함께 움직일 때 가능합니다.

질병에 대해
이야기 나누는 사회

우선 개인, 사회, 의학 모든 측면에서 정신건강의학과의 문턱을 낮추는 일이 시급합니다. 정신건강의학과에 더 편안히 방문할 수 있도록 편견과 낙인을 없애야 하고, 청소년을 포함한 모든 사회 구성원이 자신의 정신적 어려움을 의사에게 더 쉽게 상담할 수 있는 사회가 되어야겠지요. 지금 당장 우리가 할 수 있는 일은 정신질환을 향한 낙인은 낙인일 뿐임을 인식하는 겁니다. 아무런 근거가 없는 것임에도 사람들의 삶에 나쁜 영향을 미치고 있다는 사실을요.

또한 청소년이 더 쉽게 자신의 문제를 털어놓고 도움을 받을 수 있는 환경이 마련되어야 합니다. 그것이 정신건강 영역의 문제라면 더 그래요. 감기처럼 흔한 질병도 증상이 계속되는데 그냥 두면 악화되어 합병증을 얻기도 하잖아요. 마음의 병도 혼자서 끙끙 앓기만 하다가 더 큰 병이 되기 전에 적절한 의료적 도움을 받는 것이 무척 중요하지요. 주변의 시선이나 편견 때문에 자기 마음 상태를 '중2병'으로 치부해 버리기보다는 가족, 혹은 선생님 등과 함께 지금 상태가 청소년 우울증이나 가면성 우울의 증상은 아닌지 이야기해 보고, 전문가의 도움을 받을 필요가 있어요.

여기서 한 가지 더 전하고 싶은 이야기가 있습니다. 우리 사회의 청소년은 정신건강 의료서비스에서 상당히 소외되어 있지요. 청소년을 자신의 관심과 전망에 따라 의료서비스를 활용할 수 있는 주체로 받아들이기보다 보호해야 할 대상으로만 인식하기도 하고요. 그러나 청소년 역시 자신에게 어떤 정신건강 서비스가 필요한지, 그것을 어떻게 구현할지 고민할 수 있는 존재입니다.

여러분이 각자 의학을 무엇이라고 생각하는지, 의료서비스를 활용하며 살아가는 우리 자신을 어떤 식으로 이해하고 다시 어떤 서비스를 요청해 보면 좋을지에 대해 이야기 나누는 것이 청소년을 위한 정신건강 논의의 출발점이 될 거예요. 더 나아가 의학과 의료 속에서 나는 어떤 존재인지 고민해 보면 좋겠습니다. 의학적 도움은 부족해도 문제지만 너무 많아도 문제잖아요. 그렇다면 나는 의학적 도움을 얼마나 필요로 하는 사람일까에 관해 우리 각자가 생각해 봐야겠지요. 저는 이 문제를 '의학적 정체성'이라 부르곤 한답니다. 의학 앞에서 여러분은 자신을 어떤 사람으로 정의하고 있나요?

다양한 성과 젠더,
어떻게 대해야 할까?

얼마 전에 친구들과 서울시청 앞 서울광장에서 열린 서울커어문화축제에 다녀왔어요. 보고 싶던 공연도 있었고, 관심이 가는 주제로 운영되는 부스도 있다고 들었거든요. 기대했던 것보다 좋았어요. 무지개 굿즈도 샀어요. 그리고 축제에 참여한 사람들이랑 다 같이 시내 도로를 행진하는 커어퍼레이드도 했고요. 사실 그전까지는 다양한 성적 지향과 젠더가 있다는 것을 몰랐어요. 이성애, 동성애, 양성애 정도만 알고 있었는데, 아무 성에도 끌리지 않는 무성애도 있더라고요. 태어난 성별대로 사는 사람만 있는 것도 아니고요. 더 놀라웠던 건, 제 주변에 성정체성에 대해 고민하는 친구가 있다는 거였어요. 사실 책이나 유튜브 등에서 볼 때는 그냥 '그런 사람이 있구나' 정도였지, 친한 친구가 이런 고민을 할 거라고는 생각하지 못했거든요. 친구는 고민이 되기는 하지만 자기가 동성애자인지 아닌지 아직 잘 모르겠다고 하는데, 제가 어떤 말을 해 주는 게 좋을까요? 확실하게 자기가 누구인지 깨달았다고 하면 응원이라도 해 줄 텐데, 이런 고민을 처음 들어 봐서 어떻게 대해야 할지 저도 고민이 돼요.

성별은 태어나는 순간
정해지는 걸까?

요즘에는 유튜브나 텔레비전에서 자신의 생물학적 성과 다른 성별을 선택하는 사람들을 어렵지 않게 만날 수 있습니다. 사람은 남자 아니면 여자 두 가지 성별로만 태어나고, 태어난 그대로 살아가는 게 당연하다고 여기던 사람들의 생각이 조금씩 변화하고 있는 거지요. 그런데 여전히 어떤 사람들은 궁금해합니다. "왜 성별을 바꾸려고 하는 걸까요? 그냥 태어난 대로 살면 되지 않나요?" 하고 말이지요.

이 '태어난 대로'라는 말에 함정이 있어요. 태어난 대로 남성으로 또는 여성으로 살아간다는 말은, 우리가 성에 관해 느끼고 추구하는 것도 태어날 때 모두 정해져 있다고 전제합니다. 그런데 몸의 생김새에 따른 성의 구분과 자신이 편안하게 느끼는 성별이 꼭 같은 건 아닙니다. 생물학적 성과 심리학적 성이 다를 수 있는 것이지요. 어떤 사람은 그 둘이 똑같지만, 어떤 사람은 그 둘이 다르거든요. 예를 들어 몸은 여성이지만 자신을 남성이라고 느끼는 사람에게는 남성으로 살아가는 것이 '태어난 대로'라는 말의 의미가 될 거예요.

또 딱 남자라고 말하기도, 여자라고 말하기도 어려운 형태의 몸을 갖고 있는 사람도 있습니다. '생식기의 모습에 따라 여성과 남성을 구분할 수 있지 않나?' 하고 생각하는 사람도 있을 텐데요. 외부 성기의 모습이 여성이라고도, 남성이라고도 할 수 없는 경우가 있거든요. 이런 경우 모호 생식기(ambiguous genitalia)를 지녔다고 표현합니다. 간성(intersex)이라고 부르기도 하고요. 그래서 "세상 모든 사람은 여성 아니면 남성으로 태어나고, 태어난 모습 그대로 살아간다"라고 말한다면 엄연히 사회에 존재하는 다양한 사람을 지우게 되는 것이지요.

이렇게 자신의 성별을 정의하는 방식의 다양성을 '젠더 다양성'이라고 부릅니다. 먼저, 젠더(gender)의 의미에 대해 조금 더 자세히 설명해 볼게요. 성(sex)이란 신체적 특징에 따른 남성, 여성, 또는 그 외의 구별을 의미하는데요. 생물학적 성이라고 말하기도 해요.

이 구별에선 보통 외성기의 차이가 중요하다고 생각하지만, 염색체와 호르몬의 차이도 중요합니다. 외성기는 남성이지만 여성처럼 X 염색체를 두 개 가지고 있는 경우도 있어요. 또한 성전환 과정에서 원하는 성의 호르몬을 정기적으로 주입하기도 합니다. 이렇듯 성기 외에 염색체와 호르몬 또한 그 사람의 성적 측면에 영향을 미치지요. 이 구별 기준에 따르자면 생물학적 성은 크게 여성, 남성, 앞서 말한 간성으로 나누어 볼 수 있을 거예요.

젠더는 이런 생물학적 성이 아닌, 사회적·문화적 성을 가리키는 말이에요. 태어날 때 외부에서 규정한 성과 자신의 성 인식이 일치하는 경우를 시스젠더(cisgender)라고 부르는데요. 가령 "3.8kg의 건강한 여자아이를 출산하셨습니다"라는 말과 함께 태어난 사람이 '여자아이'로 길러지고 현재 자신을 '여성'이라고 인식한다면 시스젠더라고 할 수 있습니다.

트랜스젠더(transgender)는 생물학적 성과 본인이 느끼는 성이 불일치하는 경우를 가리켜요. 자신이 현재 느끼는 성별과 출생 당시에 '남자아이', '여자아이'라고 부여받은 성별을 구별하기 위해 병원에서 지정한 성별에 대해서는 '지정 성별'이라고 부릅니다.

논바이너리(nonbinery)는 심리적으로 자신이 남·여 두 가지 구분법에 속하지 않는다고 생각하는 사람을 말해요. 에이젠더(agender), 즉 자신은 성이 없다고 생각하는 사람도 있습니다. 상황이나 상태에 따라 자신의 성이 변한다고 생각하는 젠더플루이드(genderfluid)나 자신이 남성과 여성이 혼합된 성을 가지고 있다고 생각하는 안드로진(androgyne)도 성을 이분법적으로 구분하지 않는 사람입니다. 젠더 구분은 점점 분화되어 더 많아지고 있어서, 여기에서 다 소개하긴 어려울 것 같아요.

마지막으로 생물학적 성이나 젠더 외에 다양성과 관련해 이야기를 나누어 보고 싶은 주제가 하나 더 있습니다. 다른 사람을 사랑하는 방식에 대한 이야기예요. 어떤 사람은 이성을 사랑하는 것을 당연하게 생각하지만, 동성을 사랑하는 사람도 있지요. 두 성을 모두 사랑하는 사람도 있으며, 사람에게 별다른 사랑을 느끼지 않는 사람도 있습니다.

섹슈얼리티(sexuality)라는 표현을 들어 본 적 있나요? 우리말로 옮기기 참 까다로운 표현인데요. 개인이 느끼는 성적 욕망과 그것을 표현하는 행위 양식 그리고 이것을 규정하고 규제하는 사회규범 전체를 포괄하는 의미예요. 이성애, 동성애, 양성애, 무성애로 구분하는 성적 지향과 그 행위, 이것을 사회가 다루는 방식이라고 할까요.

성소수자 공동체를 표현하는 단어인 'LGBTQ', 즉 레즈비언(Lesbian), 게이(Gay), 양성애자(Bisexual), 트랜스젠더(Transgender), 퀘스처너(Questioner)는 젠더의 구분으로 보기도 하는데요. 이 구분은 개인의 성적 지향과 그 표현 방식을 지칭하므로 섹슈얼리티를 의미하는 구분으로 생각하는 게 더 적절할 거예요. 물론 딱 끊어서 이건 젠더고 이건 섹슈얼리티라고 구별하긴 어렵지만요.

지금까지 말한 용어들이 어렵거나 낯설게 느껴지는 사람도 있겠지요? 중요한 점은 개인의 성적 정체성은 이렇게 복합적인 차원에서 결정된다는 거예요. 어떤 요인이 사람들 간의 차이를 만드는지는 아직 제대로 알려지지 않은 상태고요. 성적 정체성이 생물학적 조건, 즉 유전자로 결정된다고 생각하는 사람도 있는가 하면, 태어나서 자라는 환경에 따라 결정된다고 생각하는 사람도 있지요. 저는 그 중간 어디쯤이라고 생각해요.

성소수자를 괴물 취급한
폭력의 역사

문제는, 사람들이 '다른' 방식을 받아들이지 않는다는 거예요. 성이라면 남-여, 젠더라면 지정 성별과 젠더 정체성의 일치, 섹슈얼리티라면 이성애적 행위만을 정상이라고 규정하고, 다른 방식은 모두 비정상이며 나쁜 것이라 비난한다는 것이지요. 자신의 지정 성별이 잘못되었다고 느끼는 사람들, 이성을 사랑하지 않는 사람들을 사회는 불편하게 여기거나 문제가 있다고 생각해 왔어요. 아주 오랫동안 동서양을 막론하고 성소수자를 괴물이나 괴짜로, 심각한 범죄자로, 또는 병에 걸린 사람으로 여겨 온 역사가 있습니다.

동성애의 예를 들어 볼게요. 중세부터 근대까지 의사들은 동성애자를 '치료'하려고 애를 썼어요. 동성애를 질병으로 바라보고, 고칠 수 있다고 생각한 것입니다. 이런 시도를 '전환 치료'라고 하는데요. 심한 경우 전기충격을 가하거나 구토제를 계속 먹이는 일도 있었습니다. 또한 '치료'가 '성공'했다며 사례로 소개하기도 했어요. 하지만 그것이 진짜 '치료'였을까요? 강압이나 공포로 인한 결과는 아니었을까요?

또, 나치 독일은 남성 동성애자를 과잉 성욕과 허약함의 이미지로 그려 내곤, 이들의 존재가 강한 독일 민족이 쇠퇴하는 계기가 될 거라며 세상에서 지워 버리려고 했어요. 나치 독일에 동성애는 치료를 넘어 박해와 살해의 대상이 되었던 것이지요.

이런 생각은 동성애가 특정한 생물학적 상태임을 가정하고 이를 악용합니다. 동성애를 기질이나 뇌의 '이상'이라고 보기에, 치료해야 한다거나 유전되어 민족을 더럽히면 안 된다고 보는 건데요. 이렇게 젠더가 생물학적으로만 결정된다는 생각, 그리하여 여성, 남성, 제3의 성으로서 퀴어에게 따로 구분되는 실체가 있다는 생각은 위험해요. 철학자 주디스 버틀러는 이런 논의에서 '우리'를 규정하지 말자고 주장하지요.[1] '여성', '남성', '동성애자'와 같은 규정은 다른 젠더를 배제하는 데 너무 쉽게 활용되기 때문입니다.

앞서 살핀 것처럼 '다른' 젠더와 지향은 역사적으로 무차별적 폭력의 대상이 되어 왔어요. 지금 사회 구성원으로서 우리가 문제의식을 가져야 할 부분은 이런 '다름'에 대한 배척이라고 생각합니다. 성소수자에게 가해진 잔혹한 폭력의 그림자가 아직까지 드리우고 있음을 인식하고, 이를 멈추기 위해 행동할 필요가 있습니다. 누군가가 부당한 폭력에 노출되었을 때, 때로는 부당한 이유로 죽어야 했을 때 우리는 그것이 잘못된 일임을 깨달아야 해요.

십 대에 성적 정체성을 고민하는 건 위험하지 않을까?

청소년기에 성정체성을 탐색하는 과정을 거치는 것은 전혀 이상한 일이 아닙니다. 청소년기의 정체성 형성을 주의 깊게 밝구한 심리학자 제임스 마샤는 정체성이 그냥 주어지는 것이 아님을 분명히 했습니다. 아동기에 자연스럽게 받아들인 '나'의 이미지에 의문을 품게 되는 청소년들이 있지요. 이것을 '위기'라고 해요. 한편, 여러 사회는 이 시기에 정체성을 탐색하도록 권하거나, 그런 과정을 마련해 왔습니다. 이런 탐색에 청소년이 참여하는 정도를 '관여'라고 합니다.

마샤는 청소년이 위기와 관여의 여부에 따라 다른 정체성 상태에 도달한다고 했어요. '폐제, 정체성 혼미, 유예, 정체성 성취'의 네 가지 상태가 그것입니다. 의문 없이 열심히 탐색만 해 권위주의적 가치를 받아들이는 것이 폐제, 의문도 없고 탐색도 없어 사회적 고립감을 느끼는 것이 정체성 혼미, 의문은 있지만 탐색하지 않아 불안을 겪는 것이 유예, 의문과 탐색을 통하여 자신의 정체성을 확립하는 것이 정체성 성취예요.

즉, 나의 정체성을 구성하는 요소는 원래부터 주어진 것이 아니라 여러 탐색을 통해 선택하게 되는 것입니다. 성정체성도 마찬가지예요. 아동기에 신체적 특징과 사회적 가치를 통해 부여받은 여성-남성의 이분법적 성별이 성장과정에서 위기와 탐색을 거치며 구체적 젠더로 자리 잡게 되는 것이지요. 젠더나 섹슈얼리티와 관련해 혼란을 느끼는 것은 이상한 일이 아니라, 정체성 성취를 위해 꼭 필요한 과정이에요.

하지만 우리 사회는 이런 탐색 과정을 도와주기는커녕 침묵하게 만듭니다. 여러 이유가 있을 텐데요. 문화적으로 '하나의 정체성'을 강조해 온 역사적 배경을 살펴볼 수 있습니다. 이를테면 오랫동안 '한국인은 백의민족'이라는 등식을 교육이나 문화를 통해 강조해 온 것은, 일제 식민지배의 기억과 전쟁 후의 잿더미로부터 벗어나 빠른 경제적 성장을 얻어 내기 위함이었던 것 같습니다. 또 성과 관련한 엄숙주의, 즉 성에 대한 이야기 자체를 피하려 하는 문화적 전통도 있고요.

그러다 보니, 청소년들을 포함해 젠더나 섹슈얼리티에 관한 의문과 탐색에 관여하려는 사람들은 인터넷을 통한 정보 교류에 의존할 수밖에 없었던 것이 현실입니다. 질문은 있는데 사회는 그런 질문 자체를 두려워하니, 질문이 제대로 형태를 갖추고 공적인 답을 얻어 내기가 어려운 것이지요.

최근에는 젠더와 섹슈얼리티를 이야기하는 청소년 책들이 하나씩 나오고 있어서 다행입니다. 다양한 정체성 경험과 이야기가 자신의 자리를 찾아가고 있다는 방증이지요. 하지만 청소년 각자가 상당한 노력을 기울여야만 얻을 수 있는 정보라는 점에서 아직 큰 변화는 아닌 것 같아요.

정체성 탐색에 노력을 기울이는 것은 권할 만한 일, 또는 모두가 겪어야 할 성장의 중요한 과제입니다. 단, 탐색 과정에서 다양한 내용을 살펴볼 필요는 있어요. 하나의 정체성을 고민 없이 받아들이는 것도, 그것을 버리고 그냥 다른 정체성을 바로 선택하는 것도 '폐제', 즉 제대로 된 탐색 없이 엉뚱한 정체성이 그 자리를 차지하는 일이 되니까요.

정체성 탐색은 인간의 삶에서 당연한 과정이라는 것, 이를 위해 사회가 적절하고 충분한 정보를 제공해야 한다는 것, 이 두 가지 인식이 더 많은 사람 사이에서 공유되어야 합니다. 그렇게 되면 교육과 사회 환경을 바꾸어 신뢰할 수 있는 성정체성 정보를 청소년들이 쉽게 접할 수 있도록 만드는 것이 꼭 해결해야 할 과제로 자리매김하게 되겠지요.

다른 성, 젠더, 섹슈얼리티도 괜찮아

지금까지 성, 젠더, 섹슈얼리티라는 표현의 의미를 확인해 보았어요. 신체적 특징으로 구분하는 성, 성적 정체성이라고 말할 수 있는 젠더, 이 모두를 포괄하여 그 행위와 표현까지 다루는 섹슈얼리티 개념이 있었지요. 이런 개념 차이를 인식하는 것은 우리가 자신의 상태를 명확히 이해하는 데 도움을 줍니다. 혹시 성에 관한 혼란을 겪고 있다면, 이런 용어를 찬찬히 살펴보고 자신이 어느 범주에 해당하는지 곰곰 생각해 보면 좋을 것 같아요.

여러 번 강조했듯 청소년기에 성적 정체성을 탐색하는 것은 당연합니다. 하지만 한국 사회는 그것을 덮어놓고 감추기 바빴기에 이런 탐색에 도움을 받기는 어려운 상황이었지요. 상담이나 의학도 아직 여기에 충분히 준비가 되었다고 보기는 어려웠고요. 지금까지, 왜 그런 상황인지를 역사적으로 따져 보았습니다. 동성애를 죄악시했던 사회 그리고 다른 성의 특징을 들여다보지 못하고 사회적 통념을 따라갔던 의학의 모습을 살펴보았어요.

이런 과거를 놓고 좌절하기만 할 일은 아니에요. 또, 저 멀리에서 현실을 바꾸어 주기만을 기다릴 필요도 없다고 생각해요. 변화는 지금 여기서 시작할 거예요. 다른 사람이 과도한 삶의 무게로 눌려 있음을 볼 때, 그 짐을 대신 져 줄 수는 없더라도 함께 져 줄 수는 있을 겁니다. 우리가 옆에 있다고 말할 수도 있고요. 주변 사람의 정체성에 대한 고민을 혹시 알게 되었다면, 조용히 함께하는 것으로 시작해 보면 어떨까요. 나는 여기서 당신의 삶을 응원하고 지지한다고 말하면서요.

고통만 남았을 때

죽음을 선택할 수 있을까?

얼마 전에 〈미 비포 유〉라는 영화를 봤어요. 주인공인 루이자는 6개월간 임시 간병인이 되어 교통사고로 사지가 마비된 윌을 돌보기로 해요. 그러다 왜 '6개월'만 간병이 필요했는지를 알게되는데요. 윌은 이미 안락사를 선택했고, 단지 유예기간을 6개월로 잡은 거였지요. 영화를 보면서 내가 윌이라면 어떻게 했을지 생각해 보게 되었어요. 운동과 도전을 좋아하고 직업이 탄탄하던 누군가에게 사고가 일어나 어느 날 몸을 움직일 수 없게 된다면 어떨까요? 남은 날들을 계속 고통받으며 살아야 한다면요? 주변 사람들에게 내가 해 줄 수 있는 게 제한된다면요? 낫는다는 희망이라도 있다면 모르겠지만, 치료가 불가능하다면 하루하루를 보내는 일도 무의미하지 않을까 싶었어요. 그런 고통을 받고 있는 누군가에게 '그래도 사는 게 나으니 참아 봐'라고 하는 건 오히려 더 나쁜 일일지도 모른다는 생각이 들었습니다. 그렇다고 해도 죽음을 선택하는 일이 좋지만은 않은 것 같고요. 안락사, 나쁜 걸까요, 좋은 걸까요?

안락사와
존엄사

테아 샤록 감독의 영화 〈미 비포 유〉를 봤군요! 사랑하는 사람과의 이별은 멜로 장르에 자주 등장하는 주제이긴 하지만, 〈미 비포 유〉가 보여 주는 사랑의 아픔은 다른 방식으로 가슴을 울리지요.

그런데 저는 이 영화가 안락사에 대한 잘못된 인식을 퍼뜨리는 것은 아닌지 걱정이 됩니다. 시청자는 환자의 관점이 아닌 보호자의 관점에서 영화를 보게 되기 쉽거든요. 그리고 환자가 안락사를 선택하는 이유가 타인에게 끼칠 부담과 고통 때문인 것처럼 오해할 수 있습니다. 하지만 제가 더 염려하는 것은 이 영화에 신체적 고통은 무조건 없애야 하는 것이 마땅하다는, 바꾸어 말하면 '고통이 있는 삶은 무가치하다'는 현대 사회의 관점이 녹아들어 있기 때문이에요.

이에 대해 이야기하기 전에 먼저 단어의 정의를 살펴볼 필요가 있어요. 안락사 말고 존엄사도 있거든요. 둘은 비슷한 의미로 섞여 쓰이기도 하지요. 딱 잘라서 구분하기 어려운 부분이 분명 있기 때문입니다. 여기서는 설명을 위해서 둘을 나누어 볼게요.

먼저 안락사는 '어떤 환자가 자신의 삶을 중단하기로 스스로 결정하고, 그 생명의 중단을 실행하는 것'이라고 정의 내릴 수 있어요. 안락사의 대상에 모든 환자가 포함되는 것은 아닙니다. 치료의 가능성이 전혀 없는 환자에게만 적용되지요. 그런 환자가 너무 큰 고통을 겪고 있거나 치료를 해도 병세가 나아질 가망이 없다는 이유로 죽음을 선택하면, 약물 등을 사용해 의도적으로 생명의 중단을 실행하는 것입니다. 어떤 경우엔 본인 스스로는 그 선택을 하지 못할 수도 있을 거예요. 환자가 식물인간 상태인 상황이 대표적인데요. 이때는 환자가 아닌 보호자가 결정할 수도 있겠지요.

한편 존엄사는 '어떤 환자가 연명치료를 중단하기로 결정하는 것'이라고 정의할 수 있습니다. 연명치료가 뭐냐고요? 환자의 생명을 연장시키는 치료입니다. 심장마비가 왔을 때 하는 인공호흡과 심장마사지(CPR), 호흡을 하기 어려운 경우에 사용하는 산소공급기를 대표적인 예로 들 수 있어요. 음식을 직접 먹을 수 없을 때 위장에 관을 연결해 음식을 공급하는 경장영양, 피를 정화하는 기능을 하는 기관인 신장이 망가졌을 때 대신 피를 걸러 주는 인공투석 등도 연명치료이고요.

연명치료는 전통적인 의미의 치료와는 차이가 있습니다. 보통 치료는 몸의 손상을 고쳐 기능을 회복시키는 것을 의미하지만, 연명치료는 손상을 고치는 건 아니에요. 이런 치료를 계속하면 삶의 질은 매우 나쁘더라도 환자의 생명 유지가 가능합니다. 거꾸로 말하면, 치료를 중단하게 되면 환자는 곧 사망할 가능성이 높지요. 존엄사는 말기 환자, 즉 완치가 안 되고 몇 개월 이내로 사망할 것이 예상되는 환자가 연명치료를 받지 않기로 선택하고, 그 결과 자연스러운 죽음을 맞는 것을 가리킵니다.

안락사와 존엄사의 차이는 죽음을 일으키는 행위를 직접 적용하느냐, 아니면 죽음을 지연하는 행위를 하지 않느냐에 있어요. 안락사에서는 어떤 이의 선택인가, 어떤 이유에서 그런 선택을 하는가와는 상관없이 누군가 죽음을 초래하는 행위를 직접 합니다.

환자 당사자가 선택할 수 없는 경우 비자발적 안락사라고 하는데, 자발적 안락사와 비슷하지만 환자가 의식이 없어 스스로 결정할 수 없다는 조건이 달라요. 또 당사자의 의사에 반하여 이루어지면 타의적 또는 강제적 안락사로 구분합니다. '강제로 안락사를 시킬 수 있다니?' 하고 의아해하는 사람도 있을 거예요. 제2차 세계대전 시기에 나치 독일의 수용소에서 유대인 등을 대상으로 이루어진 끔찍한 학살이 타의적 안락사의 예입니다.

반면 존엄사의 경우엔 이런 구분을 명확히 하는 편은 아니에요. 존엄사의 대상인 말기 환자는 의사 표명을 하기 힘든 경우가 종종 있기에 자발적 존엄사와 비자발적 존엄사를 굳이 구분하지 않지요. 우리나라는 2018년 연명의료결정법을 시행하고, 존엄사를 법적으로 승인했어요. 안락사는 아직 허용되지 않았습니다.

존엄사를 허용한 이유는, 환자의 자기결정권을 존중하기 위해서입니다. 자기결정권이라는 표현은 법적 용어로, 개인이 자기 일을 국가의 간섭 없이 스스로 결정할 권리를 의미해요. 이 바탕에는 우리나라 헌법 제10조가 있어요. 이 조항은 개인의 존엄성과 행복추구권을 보장하는 원칙을 담고 있습니다.

존엄이라는 말은 일상에선 지위가 높다는 뜻으로 사용되지요. 왕이나 신이 존엄하다고 말할 때처럼요. 하지만 법이나 철학에서 존엄하다는 것은, 개인이 자유의지를 가지고 자기 일을 결정할 수 있음을 가리킨답니다. 또 사람이 행복하려면 삶의 선택이 보장되어야겠지요. 남의 말만 따라야 하는 삶을 행복하다고 말하긴 어려울 테니까요.

그런데 말기 환자의 경우 선택할 권리, 즉 자기결정권을 빼앗기는 경우가 많아요. 누가 일부러 빼앗는 건 아니에요. 의료제도와 의료진은 눈앞의 환자를 치료해야 할 의무를 지고 있어요. 어떤 환자의 질환이 말기에 이르러 곧 사망이 예상된다고 해도 일단 살리기 위해 최선을 다해야 하는 거지요.

이러한 노력 또는 의무에 관한 법적 규정은 옛날에는 아무 문제가 없었어요. 하지만 의학 기술이 발달하고 죽어 가는 환자의 생명을 연장할 수 있게 되자, 의사의 노력이 환자를 괴롭히는 경우가 발생합니다. 환자가 너무 고통스러워 더는 연명치료를 받고 싶지 않다고 생각해도, 병원으로서는 환자를 살려야 하고 따라서 연명치료를 계속해야 하기 때문이지요. 이런 상황에서 환자가 연명치료를 받지 않을 권리를 직접 선택할 수 있도록 보장한 것이 연명의료결정법입니다.

이 법이 시행되고 나서 많은 사람이 존엄사를 받아들이기로 하고 '사전연명의료의향서'를 작성하고 있어요. 말기 환자가 될 경우를 대비해 아프기 전에 존엄사를 선택할지 말지 결정하는 서류를 써 놓음으로써 삶의 마지막에 해야 할 판단을 미리 해 두는 것이지요. 또한 언젠가 찾아오기 마련인 죽음에 대해 깊이 생각해 보는 일을 미루지 않겠다는 관점에서 존엄사를 반대하지 않는 이들도 많아졌어요.

물론 여전히 존엄사는 논의의 대상입니다. 언명치료에 대한 의향을 밝혀 두지 않았으나, 당장 환자 스스로 어떤 결정을 내릴 수 없는 상황일 때는 어떻게 해야 하는지에 대해서는 서로 다른 의견이 충돌하고 있지요.

고통을
중단하기 위한 결정

존엄사와 달리, 안락사는 죽음을 앞당긴다는 게 문제가 됩니다. 의사가 약을 처방해서 개인이 직접 복용하든, 의사가 주사나 마취 가스 등을 사용하든 마찬가지예요. 안락사에 반대하는 사람은 이렇게 말할 수 있지요. 안락사를 허용하면 자살 또한 허용해야 하는 것 아니냐고요.

우리는 보통 자살은 허용해선 안 되거나, 최소한 그런 행동을 막기 위해 노력해야 한다고 생각하잖아요. 따라서 안락사를 반대하는 이들의 위와 같은 이야기는 자살이 죽음을 앞당기는 것이라면 안락사도 마찬가지이므로 같은 기준을 적용해야 한다는 뜻이겠지요.

안락사를 찬성하는 사람들은 다른 의견을 가지고 있어요. 물론 죽음을 앞당긴다는 점에서 자살과 같을 수도 있지만, 자살과 안락사 사이에는 중요한 차이가 있다는 거예요. 자살은 개인적으로 선택하여 결정하는 것입니다. 그렇기 때문에 만약 다른 이의 자살을 도와주거나 타인의 자살 계획을 알고도 방지 조치를 취하지 않을 경우에는 자살 조력 또는 방조의 죄로 처벌의 대상이 되지요. 여기까지 살펴봤을 때, 이런 질문이 떠오를 겁니다. '안락사도 타인이 삶을 마치려는 행위를 돕는 것이므로 죄가 아닐까?'

안락사와 자살은 대체 어떻게 다를까요? 안락사와 자살은 그것이 치료행위인지 아닌지로 구분할 수 있습니다. 안락사는 질병의 고통으로 인하여 환자가 요청했을 때 의료인, 더 넓게는 의료제도가 그 환자의 요청이 적절한지를 판단하여 제공하는 치료행위입니다.

환자를 사망하게 만드는 일은 치료가 아니라고 생각할 수도 있을 거예요. 보통 치료란 질병을 없애는 것이라고 받아들이기에 그렇지요. 질병을 없애는 일의 목적이 결국 환자의 삶을 더 낫게 만들기 위함이라면, 치료란 '환자의 삶의 질을 높이기 위한 모든 활동'으로 정의할 수 있습니다. 그리고 우리가 가진 다른 어떤 수단으로도 환자의 삶의 질을 높이는 것이 불가능하다면, 그때 치료의 수단으로서 안락사를 선택할 수 있다는 것이지요.

지금 누군가가 엄청난 고통을 겪고 있다는 사실에만 초점을 맞추어서 자살과 안락사를 같은 것으로 여겨서는 안 됩니다. 불치병이나 심한 통증 때문에 삶을 이어 가는 것이 너무 어려운 사람에게 '의학이 다른 치료를 제공할 수 없을 때' 안락사를 논할 수 있어요. 그 이외의 다양한 사회적·경제적 고통은 안락사 논의와 무관하다는 점에 유의해야 해요.

이제, 존엄사와 안락사가 정말 엄밀하게 구분되는지 살펴봅시다. 앞에서 존엄사는 죽음을 지연하지 않는 것, 안락사는 죽음을 앞당기는 것이라고 했지요. 결과적으로 죽음이 찾아온다는 점은 같습니다. 시기의 차이만 있을 뿐이지요.

그래서 존엄사를 허용한다면 안락사 또한 허용해야 한다는 주장도 가능합니다. 다시 말해, 존엄사와 안락사와 자살을 어떻게 구분하는지에 따라 각각의 허용 여부가 결정돼요. 존엄사와 안락사는 죽음을 앞당기는 행위가 허용될 수 있는가, 안락사와 자살은 질병으로 인한 고통과 다른 고통을 구분할 수 있는가가 문제의 핵심이지요.

이런 문제를 고민하는 것이 의료윤리인데요. 윤리학은 해결해야 하는 문제가 어느 범주에 속하는지, 비슷한 사례가 있다면 두 사례에 어떤 차이가 있는지를 중요하게 여겨요. 차이가 없다면 같게 대하면 되고, 차이가 있다면 다르게 대해야 할 테니까요.

다시 존엄사와 안락사로 돌아와서, 이 둘 사이에 어떤 차이가 있는지 확인하려면, 우리는 이런 질문을 던져야겠지요. '질병으로 인한 고통을 중단할 권리가 개인에게 있는가?' 그냥 보면 당연한 말 같습니다.

몸의 어딘가에 통증이 있습니다. 이때 통증을 멈추기 위한 행동을 하는 것은 아주 당연합니다. 제가 뜨거운 냄비를 잡아서 갑작스러운 고통을 느꼈다면, 빨리 냄비에서 손을 떼야겠지요. 왜 손을 떼냐고 묻는 사람은 이상해 보입니다. 따라서 고통을 줄이기 위한 선택의 자유가 개인에게 있다는 말은 타당한 듯 보입니다.

프랑스 작가 프랑수아즈 사강은 마약 복용 혐의로 법정에 섰을 때 이렇게 말했습니다.

"타인에게 피해를 주지 않는 한, 나는 나를 파괴할 권리가 있다."

남에게 피해를 주지 않는 행위를 할 경우, 사회가 한 개인에게 특정 행위를 강요할 수 없고 그 행위를 하지 않았다고 해서 처벌해선 안 된다는 주장으로 읽히지요. 논리적으론 맞는 말 같지만, 과연 통증이나 고통을 줄이기 위한 모든 행동을 용인해야 하는지는 생각해 볼 필요가 있습니다.

코카인, 모르핀과 같은 마약은 기본적으로 사람이 느끼는 통증을 감소시키는 역할을 합니다. 통증을 없애기 위한 목적이라면 마약을 마음껏 사용해도 괜찮은 걸까요? 통증은 신체의 특정 부위에서 전달되는 신경 신호이므로, 통증을 전달하는 신경을 끊어 버리면 통증을 느낄 수 없게 됩니다. 통증을 없애기 위해 신경을 마음대로 끊어도 될까요? 이런 행동의 극단이라고 말할 수 있는 자살을 막아야 할 이유는 또 무엇일까요?

지금 여기에서 이 모든 질문에 답하는 것은 불가능합니다. 앞서 더 복잡한 철학적·법적 논의로도 해결하지 못했거든요. 이에 대한 최선의 대답은 다음과 같을 겁니다.

자신에게 피해를 입히는 선택을 어디까지 허용할 것이냐 하는 질문에 대한 의견 차이가 있으며, 이 부분은 세상과 인간이란 무엇이며 우리는 어떻게 살아가야 하는가와 같은 더 큰 질문에 대한 각자의 답에 따라 다르게 내려질 수 있다고요. 단, 하나는 같이 생각해 보고 넘어가면 좋겠어요. 고통은 마치 절대 악과 같은 거라서 무조건 없애야만 하는 걸까요?

고통에도
의미가 있을까?

19세기와 20세기를 살다 간 철학자 중에 니체와 하이데거라는 사람이 있어요. 그들은 인간의 존재가 빠르게 발전하는 자연과학과 기술문명에 위축당하지 않을까 걱정했습니다. 세계대전이나 핵 경쟁, 자본주의의 폐해 그리고 지금의 기후 위기처럼 인간의 도구였던 학문과 기술과 자연이 오히려 인간을 지배하는 세상을 보면서 두 철학자는 인간이 자신의 위치를 되찾아야 한다고 주장했지요. 물론 방식은 달랐지만요.

니체는 고통을 없애려는 사회와 제도를 비판했습니다. 자꾸 사회가 고통을 없애려고 하다 보니 사람들이 고통을 극복하려 하지 않고 나약해진다는 거였어요. 니체가 생각한 인간은 현재의 자신을 계속해서 넘어설 수 있는 존재였습니다.

그는 자기를 극복하는 과정에서 인간이 더 뛰어나게 변화할 수 있다고 생각했어요. 그리고 자신을 뛰어넘으려는 인간은 고통을 활용해야 한다고 보았습니다. 고통은 자신의 약한 부분을 보여 주므로, 고통을 통해 자신을 지배하고 극복할 방법을 알 수 있다고 생각한 것이지요. 그런 니체에게 몸의 질병은 없애 버려야 하거나 지긋지긋하고 끔찍한 무엇이 아니라 나를 더 성장하게 만드는 적이었습니다.

하이데거는 사람들이 자신이 죽는다는 사실을 잊어버렸기에 오히려 고통받다가 죽어 간다고 생각했습니다. 여기에서 하이데거가 말하는 고통은 신체의 통증이나 사회적 어려움과는 좀 달라요. 왜 쳇바퀴 구르듯 반복되는 삶을 살아가야 하는지, 또 왜 삶을 이어 가야 하는지 그 이유를 모르는 것이 하이데거가 말하는 고통이지요.

　많은 사람이 무의미한 삶을 살다가 어떻게 자신의 삶이 끝나는지도 모르는 채로 인생을 마감합니다. 죽는다는 사실을 분명하게 받아들일 때, 생에 언젠가 끝이 있음을 확실히 인정할 때 그 사람은 자기 삶의 의미를 발견하게 된다고, 하이데거는 생각했습니다. 그에게 삶의 의미란 태어난다고 그냥 주어지는 것이 아니라 자신이 직접 만들어야 하는 것이었지요. 죽는다는 사실을 인정해야만 비로소 삶의 의미를 만들어 나갈 수 있다고 보았고요.

　오늘날 우리가 속해 있는 소비 중심 문화의 사회는 고통과 죽음을 잊고 늘 젊음과 즐거움에 취해 살아가도록 부추기지요. 삶은 더 가벼워지고 있고, 니체와 하이데거의 염려가 현실이 된 지 오래입니다.

　그러나 〈미 비포 유〉에서 윌이 내린 결정은 본인의 깊은 고민과 생각의 결과입니다. 아쉽게도 영화는 두 주인공 사이의 관계와 이별에만 초점을 맞추다 보니 윌의 고민을 충실히 전달하는 데 실패한 것으로 보여요. 소비 중심 문화 속에서 고통의 의미를 제대로 살피지 못했다는 아쉬움도 있고요. 하지만, 영화가 이를 보여 주지 못했다고 해서 환자의 고뇌와 고통이 없다고 부정해서는 안 되겠지요. 원하는 삶을 살 수 없게 되었음을 알았을 때,

남은 것은 고통뿐일 때 누군가 삶을 마감하겠다고 선택하는 것을 무조건 비난해선 안 될 거예요.

안락사에 관한 논의는 아직 끝나지 않았으며, 끝날 수도 없습니다. 지금 이 자리에서 어떤 태도나 결정을 제시할 수는 없을 거예요. 하지만 결코 타인의 고통을 재단해선 안 된다는 점만은 강조하고 싶습니다.

모두가 고통을 감내하는 것이 당연하다는 의미가 아니에요. 고통을 수용할지, 더는 참을 수 없다고 선언할지 그 결정은 전적으로 개인의 선택에 달려 있어요. 단지 그 결정이 사회적으로 지지받을 수 있는 것인지, 누군가 더는 신체적 고통을 참을 수 없어 안락사를 요구할 때 사회가 그것을 승인할 수 있는지에 대해서는 더 많은 이야기가 필요할 거예요.

안락사에 대해 이야기할 때
생각해 볼 것들

지금까지 '안락사는 좋다 혹은 나쁘다'를 따지기 전에 손엄사, 안락사, 자살을 구분하는 것이 안락사를 논의할 때 중요하다는 점을 이야기했습니다. 또 고통이나 죽음의 문제에 관해 깊이 들여다보고 이야기 나누려 하지 않는 현대 문화의 특징도 살펴보았고요. 하지만 여전히 영화 〈미 비포 유〉를 계기로 안락사에 대해 고민하는 마음의 복잡한 목소리가 들려오는 것 같네요.

확실히 어려운 문제이지요? 사실 지금 안락사의 옳고 그름을 따지는 것은 어려워요. 이런 유보적인 태도가 여러분을 더 혼란스럽게 만들지도 모르겠습니다. 하지만 그만큼 안락사는 여기에서 차마 다 다루지 못한 개인과 사회의 여러 요인을 따져 보아야 하는 복잡한 문제입니다.

저는 안락사가 범죄냐 아니냐를 따지는 것은 무의미하다고 생각해요. 그보다는 차라리 실제 제도를 운영하는 국가들이 이러한 문제를 해결하기 위해 어떤 제도를 마련해 두었는지 살펴보는 게 좋겠어요. 어떤 국가에는 안락사를 원하는 사람이 그 길을 충동적으로 선택하지 않고 상담과 숙고를 거쳐 사려 깊은 결정을 내릴 수 있도록 돕는 제도적 장치가 있어요. 이를테면, 두 명의 의사에게 확인을 받은 다음 정신건강의학과 의사와도 상담을 하는 것입니다.

이런 장치가 안락사에서 문제로 여겨지는 점을 해결할 수 있을까요? 즉, 자기 죽음을 충분히 숙고하지 않은 채로 감정적 결정을 내리는 일이 벌어지는 것을 효과적으로 해결할 수 있을까요? 아니면 또 다른 절차나 더 강한 규제 방법이 필요할까요?

그저 "안락사와 자살은 자기 목숨을 해하는 일이니 무조건 잘못이야"라고 말하는 대신, 어떤 제도가 마련되면 좋을지 생각해 보기를 바라요. 또 다른 나라에 마련되어 있는 제도들이 안락사 문제에서 예상되는 어려움을 효과적으로 해결하고 있는지를 세심하게 살펴본다면 우리의 안락사에 관한 논의도 한층 성숙할 수 있을 거예요.

내 마음대로 눈이나 코를
성형해도 될까?

제가 좋아하는 외국의 래퍼가 있어요. 평소에는 주로 그의 노래만 듣다가 언젠가 사진을 보고 깜짝 놀랐어요. 이마 한가운데에 다이아몬드를 박아 넣는 성형수술을 한 모습이었거든요. 신기해서 더 찾아보니까 프랑스엔 얼굴과 손을 마치 외계인처럼 변형한 사람도 있더라고요. 그 모습을 따라 하고 싶었던 건 아니지만, 사진을 보면서 궁금함이 생기는 것은 어쩔 수 없더라고요. 의학 기술이 많이 발달해서 이젠 사람들이 원하는 모습으로 외모를 바꾸는 게 가능해졌잖아요. 그런 모습이 좋고 나쁘고를 떠나서, 제가 선택한다면 어떤 모습으로도 성형수술을 받을 수 있는 걸까요? 그런 수술이 자신감과 만족감을 준다면, 어떤 성형수술을 받아도 상관없는 거 아닐까요? 타투, 그러니까 문신도 그래요. 제가 좋아하는 문장을 팔에 타투로 새기고 싶어서 좋아하는 타투 아티스트 계정을 친구에게 보여 줬는데요. 친구는 자기도 부모님한테 슬쩍 이야기 꺼내 본 적이 있는데 절대 안 된다는 말만 들었다며, 저도 어차피 부모님이 뜯어말릴 거래요. 성형수술, 타투…… 원한다면 마음대로 해도 되는 거 아닌가요?

어른들은 왜
성형수술을 말릴까?

나의 외모에 대해 다른 사람들이 참견할 권리는 없습니다. 외모는 타인에게 피해를 주는 요소가 아니므로, 타고난 외모든 꾸민 외모든 그것은 오롯이 개인의 자유에 속하지요. 타인의 영향권 밖에 놓여 있다고 말할 수 있어요. 그렇다면, 질문에 대한 답이 다 나온 것 같아요. 성형은 마음대로 해도 괜찮습니다, 문신도 괜찮습니다, 끝! 이러면 좋겠지만, 의료윤리학자인 저로서는 그렇다고 말하기 어렵습니다. 일단, 쉬운 이야기부터 해 봅시다. 어른들은 왜 문신받는 걸 말릴까요?

문신의 원리는 쉽게 말하면 피부에 바늘로 잉크를 점점이 채워 넣는 것인데요. 우선, 부모님은 몸에 무언가를 새긴다는 것이 부정적 이미지를 불러올 수 있다는 점을 우려했을 거예요. 문신 행위는 고대부터 이어져 온 것으로, 주로 주술성을 표현하는 수단이었거든요. 거기에 더해 죄인을 구별하는 낙인으로 사용했던 역사도 있어요. 그렇기 때문에 문신에 부여된 문화적 의미가 아무래도 부정적으로 자리 잡은 것이지요.

게다가 문신은 한번 하고 나면 지우기가 쉽지 않고, 지워지지 않는 경우도 있어요. 어른들이 문신을 반대한다면 이를 걱정하기 때문일 거예요. 바로 이 '되돌릴 수 없음'이 매우 중요합니다. 이를 비가역성이라고 부르는데요. '가역(可逆)'이란 다시 원래대로 돌아올 수 있다는 말이고, 비가역성은 여기에 부정을 의미하는 '비(非)'가 붙은 말이에요.

성형수술도 마찬가지로 비가역적이에요. 쌍꺼풀수술을 하거나 코높임술을 하고 나면, 원래대로 되돌릴 수 없습니다. 물론 원래 모양으로 만들기 위해 재수술을 받을 수는 있겠지요. 하지만 한번 수술한 부위를 다시 수술하는 것은 그 자체로 어려운 일이기도 해요. 수술이란 피부, 그 아래 조직층, 근육, 뼈에 손상을 입히는 것이거든요. 다친 곳에 또 상처를 내면 좋지 않은 것과 같은 이치겠지요.

이렇듯 수술 전 모습으로 돌아갈 수 없다는 비가역성 때문에 성형수술을 원한다면 무엇을 위해 그 수술을 하고 싶은지를 생각해 볼 필요가 있습니다. 성형한 사람들, 특히 여러 부위에 성형수술을 받은 이들의 얼굴은 왜 비슷해 보일까요? 그러한 얼굴이 예쁜 얼굴이기 때문일까요? 그게 정답은 아닐 겁니다.

성형수술의 본래 목적은 예술 작품을 만드는 것이 아니기 때문에 수술을 통해서 만들어 내고자 하는 정해진 결과물이 있습니다. 코는 어떤 형태와 높이여야 하고, 쌍꺼풀은 어떤 길이와 두께로 만들어야 하며, 턱은 어떤 형태로 줄이고 옮겨야 하는지가 이미 어느 정도 정해져 있지요. 이러한 조건을 환자의 상태에 맞게 조정해 수술합니다.

때로 환자가 보통 환자들이 원하지 않는 수술 결과물을 요구한다면, 의사 입장에선 그렇게 하라고 말하기 어렵습니다. 수술이 끝난 후 환자가 수술 결과를 마음에 들어할지 여부와는 별개로 자신이 그런 결과물을 내는 방식을 평소에 훈련하지 않았기 때문이에요.

"수술 기법이 발달했으므로 성형을 통해 외모를 어떤 형태로도 바꿀 수 있다"라는 말 또한 정확하지 않아요. 일단 환자가 원래 지니고 있는 골격을 완전히 변형하는 것은 불가능하거든요. 이게 가능하다면 암이나 큰 사고 등으로 인해 턱을 다 잘라 낼 수밖에 없었던 사람에게 턱을 다시 만들어 줄 수도 있겠지요.

하지만 아직은 어려워요. 그리고 의사마다 의학적 기술을 훈련해 온 방식과 아름다움에 대한 관점이 다른데, 이것이 수술에 큰 영향을 미쳐요. 개별 의사에게는 연구와 훈련으로 결과물을 만들어 온 각자의 수술법이 있습니다. 여기에서 벗어나면 좋은 결과가 보장되기 어려울 수 있어요. 이것을 수술 자체의 한계라고 부를 수 있을 거예요.

이 두 가지 요소, 다시 말해 비가역성과 수술 자체의 한계 때문에 성형수술이나 외모 관련 시술이 낼 수 있는 결과는 한정되어 있습니다. 또한 성형은 개인의 고유한 아름다움을 추구하는 방식이 될 수 없고요. 이전 모습으로 되돌릴 수 없기에 수술 한 번의 결과가 의사와 환자 모두에게 무겁게 다가옵니다. 수술을 통해 얻는 결과물은 수술 시점의 환자가 생각하는 아름다움의 기준뿐 아니라 의사들 사이에 통용되는 아름다움의 기준 등에 큰 영향을 받게 된다는 것이지요.

사람마다, 시대마다 다른
아름다움의 기준

언뜻 '아름다움'의 기준이 언제나 동일해 보일 수 있습니다. 고대 그리스인들이 아름답다고 말한 것과 오늘날 우리가 아름답다고 말하는 것이 크게 다르지는 않은 것 같다고 생각할지도 모르겠어요. 그때의 예술 작품을 지금도 칭송하고 있으니까요.

하지만 아름다운 것이 무엇인지 말하는 일은 생각보다 어려워요. 예를 들어 봅시다. 왜 우리는 어떤 배우를 보고 잘생겼다고 말하는 걸까요? 커다란 눈, 매끈한 턱선, 깨끗한 피부 등의 요소가 떠오를 겁니다. 그런데 이런 요소를 결합한다고 해서 아름다움이라는 결과물이 나올까요?

어릴 때 들었던 이야기가 생각나요. 어떤 화가가 지나가다 만나는 사람의 가장 아름다운 부분만을 본떠 그림을 그리기로 합니다. 누군가로부터는 눈을, 다른 사람으로부터는 코를, 또 지나가는 사람의 아름다운 입을 보고 화가는 하나의 얼굴에 모아 그림을 그렸지요. 그 결과물은 어땠을까요? 사람들의 얼굴에서 아름다운 부분부분을 모았으니, 그렇게 조합한 얼굴 또한 아름다우리라 예상했던 화가의 생각은 틀렸다고 해요. 그 얼굴은 보기에 썩 좋지 않았다고 합니다. 사실 아름다움은 대상의 세부적 특성으로 결정된다기보다는 전체의 느낌 또는 조화에서 오는 감상이거든요.

어떤 대상을 보고 기쁨이나 만족감을 느낄 때, 우리는 그 대상을 두고 아름답다고 말합니다. 보고 있는 대상이 우리 마음에 좋은 감정을 불러일으킬 때도 그래요. 꽃을 봤을 때를 생각해 보세요. 꽃의 향기를 만끽하고는 좋은 기분이 들면서 꽃이 더 아름답게 보이지 않았나요? 자연에서 꽃을 만나면 어때요? 주변 풍경이 주는 상쾌함과 햇살이 주는 따사로움 덕분에 꽃의 형태에서 오는 만족감이 더 커졌을 거예요. 누군가에게 꽃을 선물 받으면, 선물한 사람의 마음이 전달되어 우리의 감각을 자극할 테고요.

사람의 외모를 볼 때도 마찬가지입니다. 아름다움의 객관적 기준이 있어서 '코는 이렇게 생기고 눈은 이런 모습이고 이마는 이런 크기고……' 하면서 설명할 수 있을까요? 아름다움을 결정하는 요소는 그런 것이 아닙니다. 오히려 아름다움은 어떤 형태가 주는 만족감에 기반하며, 그 만족감은 우리가 속한 문화에 영향을 받습니다. 문화권이나 민족, 인종마다 아름답다고 생각하는 얼굴이 다른 이유가 여기에 있지요. 그리고 잘 알고 있는 것처럼, 이런 일반적 문화에는 통념과 선입견이 작용해요.

'통념'이란 사회에 널리 퍼져 있는 관념을 가리킵니다. 사람들에게 일반적으로 알려진 기준과 생각, 견해, 상식 등을 말하지요. '선입견'이란 대상에 대한 사실과는 상관없이 이미 우리가 마음속에 그 대상에 대해 가지고 있는 생각이나 관점을 말합니다.

어떤 친구와 대화도 나누어 보지 않은 상태에서 '쟤는 매번 수업시간에 졸고 교복도 제대로 안 입어. 문제아가 분명해' 하고 확신해 버리는 것이 선입견의 대표적 사례겠지요. 이러한 통념과 선입견이 아름다움에 대한 판단에 영향을 끼쳐요. 사람들이 일반적으로 생각하는 기준이 외모의 기준이 되며, 여성은 어떠

하고 남성은 어떠해야 한다는 선입견이 그 외모와 아름다움의
구현을 좌우합니다.

모두가
성형하는 세상이라면

외모를 바꾸겠다는 결정은 보통 남들이 생각하는 아름다움이
라는 기준과 관점에 맞추려는 노력인 경우가 많아요. 물론 다른
사람의 인정을 받기 위해 외모를 고치고 이를 통해 자신감을 얻
는 일을 무조건 부정적으로 인식할 필요는 없습니다. 그러나 이
것에 너무 끌려다니는 것은 문제일 거예요. 게다가 의학은 인간
을 다루는 학문이기에 좀 더 유의해야 합니다. 의학을 통한 결과
물이 하나의 규범으로 작동하게 되거든요. 한번 간단히 설명해
볼게요.

과거 '출분증(Drapetomania)'이라는 진단명이 있었습니다. 1851
년, 미국의 의사 새뮤얼 카트라이트가 제시한 정신질환인데요.
그가 보기에, 흑인 노예들은 행복함에도 불구하고 자꾸 달아나
려는 생각을 하고 따라서 그들에게 정신질환이 있다는 거예요.
당시는 노예제도가 당연시되던 19세기 미국이었고, 흑인 노예

가 탈출하여 독립적으로 살아가기는 불가능했습니다. 그래서 카트라이트는 흑인이 이성적 판단을 내린다면 백인 주인 밑에서 살아가는 것을 당연하게 여기리라 생각했던 것이지요.

하지만 '정신질환'을 앓는 흑인은 자유를 찾아 탈출하려고 한다고 보았기 때문에, 카트라이트는 이런 시도를 출분증이라는 질병으로 부르고 그 치료를 위해 거센 채찍을 휘둘러야 한다고 주장했어요. 그의 생각은 미국 남부를 중심으로 널리 퍼지게 됩니다. 그러나 오늘날 우리는 출분증을 '자유에 대한 인간의 열망'이라고 부르지요.

당시 카트라이트의 생각이 보편적 지지를 받은 것은 아닙니다. 그러나 특정 집단의 특성을 질병으로 규정해 그것을 치료의 대상으로 삼는 일들은 이후 역사에서도 계속 나타났어요. 이를 '병리화'라고 부릅니다. 두개골의 생김새를 보고 범죄자의 특징을 찾을 수 있다고 주장했던 골상학은 병리화의 대표적인 문제 사례라고 할 수 있습니다.

오늘날 눈 성형수술을 받는 사람은 눈에 질병이 있어서 수술받는다고 생각하지 않습니다. 하지만 성형수술이 너무 흔해지면, 심지어 거의 모든 사람이 성형수술을 받게 되면 성형을 하지 않은 사람이 외려 질병을 가진 것처럼 취급받을 수도 있어요.

예를 들어, 우리나라에서 쌍꺼풀수술은 이제 보편적인 것으로 받아들여지는 사회적 분위기가 형성되었지요. 이런 분위기에서 누군가는 아름다워지기 위해 성형을 선택하겠지만, 한편으로 누군가는 성형하지 않은 자신의 모습이 문제로 여겨지기 때문에 성형이 필요하다는 압박을 느낄 수도 있습니다. 이 압력은 환자와 의료인 모두에게 영향을 끼칩니다.

물론 성형의 선택권은 환자에게 있기 때문에 하지 말라며 말리기는 어렵습니다. 그런데 성형수술을 받고 싶다는 환자의 마음은 오로지 본인의 의지에서 비롯된 것일까요? 현대사회는 우리가 사회 구성원으로서 경쟁력을 획득하려면 특정한 외모를 갖춰야 한다는 식의 압박을 가합니다. 이로 인해 어떤 사람들은 성형수술 또는 시술을 해서라도 사회가 요구하는 외모가 되기 위해 노력하지요. 본인이 원하지 않아도, 필요성을 느끼지 않아도 성형을 하는 상황이 벌어지는 것은 안타까운 일이에요.

서로 다른 아름다움을
받아들이는 사회

최근에는 타인의 기준에 자기 외모를 맞추지 않겠다고 선언하는 사람이 많아지고 있어요. '튀는' 것을 싫어하는 우리 사회의 특성상 그들의 목소리가 쉽게 받아들여지진 않지만요. 저는 이러한 현상이 그동안 특정 외모의 규범을 강요한 사회에 대한 반발이라고 생각합니다. 다양한 외모와 꾸밈을 받아들이는 사회가 된다면, 선언이나 운동을 할 필요 없이 원하는 대로 자신을 표현하겠지요.

외양이 전혀 중요하지 않다는 말이 아니에요. 꾸미지 않는다고 해서 씻지 않아도 되는 것은 아니니까요. 대인 관계나 사회생활에 외모나 옷차림이 전혀 영향을 미치지 않는다고 말하는 것도 거짓말인걸요. 다만 우리 사회가 좀 더 다양한 모습을 받아들일 수 있는 곳이 되어야 해요. 사람들의 각기 다른 개성과 고유의 아름다움이 수용될 수 있는 곳 말이지요.

자기 마음대로 성형해도 되는지에 대한 답을 정확히 드리진 않았어요. 질문자가 궁금해하는 것이 성형수술을 마음대로 '해도 된다', '안 된다' 중 하나가 아니라 성형수술을 받을 때 고민해야 할 것과 그에 따른 결과인 것 같았거든요. 그래서 성형수술의 가능성과 한계, 아름다움의 기준 등에 대해 살펴보았어요. 성형수술을 할지 말지 잘 결정하려면, 성형이 당연한 사회에서 '외모'란 무엇인지 고민해 볼 필요가 있기 때문이에요.

성형수술을 받는 것은 나쁜 일이 아니에요. 필요하다면 언제든지 의학의 도움을 받을 수 있어야 합니다. 단, 수술이란 그 과정과 경과, 최종 결과를 받아들이는 일이기에, 수술을 선택하기 전 스스로 고민하고 주변 사람들과 충분히 대화를 나누어 보면 좋겠어요. 무엇보다, 좋은 조언을 줄 수 있는 사람과 함께 내 선택이 주변과 사회의 압력 때문은 아닌지 차근히 점검해 보는 것이 큰 도움이 되리라고 생각합니다.

유전자가위 기술로 원하는 모습으로
태어나는 세상, 좋지 않을까?

저는 친구들에 비해 키가 작아요. 밥 잘 먹고 잠도 잘 자면 키가 큰다고들 하지만, 글쎄요. 할머니랑 할아버지, 엄마, 아빠 모두 키가 크지 않아서 나이를 먹어도 제 키가 엄청 클 것 같지는 않아요. 그런데 뉴스에서 유전자가위 기술을 봤어요. 생명체의 유전자를 조작해 그 모습이나 특징을 바꿀 수 있는 기술이라는데요. 매일 밤 '아, 다른 모습으로 태어났으면 어땠을까?'하고 생각하는 저에게는 너무나 매력적인 기술이었어요. 유전자를 조작해서 큰 키에 높은 코랑 큰 눈을 한 얼굴을 가질 수 있다니, 왜 제가 태어나기 전에는 그런 기술이 없었던 걸까요? 학교에 가서 이런 이야기를 했더니, 신기하다는 친구들과 무섭고 부작용이 걱정된다는 친구들이 반반이었어요. 유전자가위 기술은 윤리적으로 문제라고 말하는 사람들도 있대요. 하지만 전 이해가 가지 않아요. 유전자가위 기술로 장애와 질병을 미리 고칠 수도 있을 텐데, 그럼 그게 더 윤리적인 거 아닐까요?

내 마음대로
몸을 바꿀 수 있는 기술

　2020년 말에 저는 어떤 소식을 하나 전해 듣고 무척 기뻤답니다. 3세대 유전자가위 기술을 개발한 과학자 에마뉘엘 샤르팡티에와 제니퍼 다우드나가 노벨화학상을 수상했거든요. 노벨상이 지닌 역사와 권위에 비해 노벨물리학상과 노벨화학상을 받은 여성 과학자는 손에 꼽을 정도로 적어요. 화학상은 방사능을 연구한 마리 퀴리 이래 총 다섯 명이 수상했는데, 이제 샤르팡티에와 다우드나가 추가된 것이지요.

　하지만 이 기쁨과 별개로 '유전자가위'에 대해선 여러 우려를 품고 있습니다. 그에 대해 이야기 나누기 전, 유전자와 유전체에 대해 간단하게 설명해 볼게요. 그래야 유전자가위 기술이 무엇인지 이해할 수 있으니까요.

　유전체는 흔히 생명체의 설계도라는 별명으로 불려요. 생명체의 모습이나 특징, 신체와 정신의 작동방식을 결정하는 기본적인 정보의 총합을 가리키거든요. 유전체는 여러 유전자로 구성됩니다. 인간의 유전체는 23개의 염색체로 이루어져 있지요. 생명체는 자기 몸을 구성하는 단백질이 만들어지는 방식을 유전자로 담아냅니다. 인간은 약 2만 개 정도의 유전자로 이루어져 있어요.

이런 유전자를 만드는 글자 한 개 한 개를 염기라고 하는데요, A, T, G, C 네 가지의 분자로 이루어져 있습니다. 인간 유전체의 총 염기 수는 약 30억 개라고 해요. 좀 더 쉽게 말해 볼게요. 여러 권의 책이 꽂혀 있는 책장을 떠올려 볼까요? 한 권의 책은 여러 장으로 구성되잖아요. 염기는 글자, 유전자는 문장, 유전체는 책이겠지요. 다시 말해 인간은 30억 개의 글자, 2만 개의 문장, 23권의 책으로 만들어져 있다고 말할 수 있어요.

앞서 설명한 것처럼 생명체는 유전자의 내용을 바탕으로 단백질을 만들어요. 단백질은 세포의 구성 성분이자 그 작동을 유지하고, 세포 간 신호를 전달하기도 하며, 세포 바깥의 기질을 이루기도 하는 등 생명체가 살아가는 데 기본이 되는 물질이지요. 그런데 어떤 이유로 염기 하나가 다른 염기로 바뀐다면 무슨 일이 벌어질까요? 예를 들어, 어떤 유전자의 중간에 있던 A 염기가 G 염기로 바뀐다면요?

물론 생명체는 유전자에 오류가 발생하면, 즉 염기가 잘못 바꿰면 자동으로 수리하는 기능을 가지고 있긴 해요. 하지만 언제나 실수는 발생하는 법. 염기가 바뀐 채로 단백질이 만들어지면 단백질은 형태가 바뀌거나 다른 방식으로 작동하고, 심지어 문제가 생기기도 합니다. 이미 이야기한 것처럼 우리 몸은 단백질로 이루어져 있으니까, 단백질이 달라지면 예컨대 눈이나 머리카락 색깔이 바뀐다거나 힘이 더 세진다거나 질병이 생길 수도 있는 거지요.

이런 염기 한 개 또는 여러 개의 변화가 질병으로 나타나는 것을 우리는 유전질환이라고 불러요. 염기 하나, 즉 글자 하나가 바뀌는 것을 단일 염기 다형성이라고 하는데요. 이로 인해 생기는 대표적 질병으로 겸형 적혈구 빈혈증이 있어요. 겸형 적혈구 빈혈증이 있는 사람은 적혈구가 동그란 모양이 아닌 낫 모양으로 생겨서, 적혈구가 원래 담당해야 하는 기능인 산소 운반을 충분히 해 내지 못하게 되거든요.

이런 것이 자연적으로 나타나는 유전자의 변이라면, 인간이 개입하여 유전자를 이루는 염기의 순서나 내용을 바꾸는 것이 유전자조작입니다. 특히 유전자의 특정 부분을 인식해서 연결 부분을 잘라 내는 역할을 하는 기술이 유전자가위 기술이에요. 일단 잘라 내야, 다른 내용으로 채울 수 있을 테니까요.

기존의 유전자가위 기술은 정확도도 낮고, 실험에 노력과 비용이 많이 들었어요. 그러다 3세대 유전자가위 기술인 크리스 퍼(CRISPR)가 등장하면서, 정확도가 높아지고 비용은 낮아졌지 요. 이제 누구나 유전자의 내용을 바꿀 수 있는 시대가 온 것입 니다. 과장을 좀 보태고 몇 가지 기술적 어려움이 해결되었다고 가정하면, 우리는 몸의 특성을 마음대로 변형할 수도 있게 된 것이지요.

유전자조작 기술,
모두가 다 찬성할까?

유전자를 마음대로 조작하기까진 해결되어야 할 부분이 아직 많이 남아 있어요. 그리고 유전자가위 기술을 동물이나 인간에 적용할 때는 기술적 안전성을 먼저 염려할 수밖에 없습니다. 특 히 인간의 유전자를 바꾸는 기술을 적용하려면 신중에 신중을 기해야 하는데, 이미 검증이 다 된 것처럼 떠드는 사람들이 있어 서 문제라는 생각이 들기도 하지요.

안전은 중요합니다. 하지만 안전이라는 과학기술적 문제 외 에도 유전자조작은 다른 걱정을 또 불러일으킵니다. 유전자조작 이 불평등한 사회를 만들어 낼 수 있다는 점이지요. 아마 유전자조작 찬성과 반대를 이야기할 때 가장 중요한 주제가 아닐까 싶어요. 하지만 이 문제를 살피기 전에 유전자조작이 가능한 사회가 무엇을 의미하는지를 먼저 생각해 볼 필요가 있겠네요.

사람들은 지금까지 각자의 재능이 우연하게 분포되는 사회에서 살고 있다고 생각해 왔어요. 여기에서 말하는 재능은 공부를 잘하는 것만을 이야기하는 것이 아닙니다. 어떤 운동을 잘하거나 심지어 특정 외모를 가지고 있는 것까지 포함합니다. 이런 재능은 부모님으로부터 물려받는다고 생각하지만, 같은 부모 아래에서 태어난 아이들이라 해도 재능은 각기 다르지요.

이것은 유전자의 다양성 때문입니다. 부모로부터 자녀가 유전자를 물려받을 때 항상 똑같은 유전자가 전해지는 것이 아니라 두 부모의 유전자가 뒤섞이고, 그 과정에서 일부가 변하기도 하면서 자녀마다 다른 유전자를 가지게 되거든요. 사회 전체적으로 볼 때, 특정 재능을 높은 수준으로 가지고 있는 사람과 낮은 수준으로 가지고 있는 사람은 세대마다 달라지기 마련이지요. 그리고 사회는 개인이 그 재능에 따라 기여한 만큼 보상을 제공하므로 개인의 보상, 즉 소득과 부는 계속 달라진다고 생각할 수 있습니다.

이 재능의 우연성을 줄이기 위한 노력이 교육이에요. 여러분이 혹시 받고 있을지 모르는 사교육은 이런 재능 격차를 줄여,

사회가 많은 보상을 제공하는 분야에서 일할 수 있도록 하는 역할을 수행합니다(학교에서 받는 공교육에도 그런 기능이 없는 것은 아니지만, 공교육의 역할은 조금 다르니 일단 제외할게요). 그래도 교육이 유전적 능력을 완전히 뒤엎을 수는 없기에 지금까지 재능의 우연성이라는 가정은 그대로 유지되고 있어요. 예를 들어, 제가 어렸을 때부터 피아노를 배웠다고 해도 세계적인 음악가 조성진 피아니스트처럼 훌륭한 연주를 할 수는 없었을 테니까요.

하지만 유전자조작이 실현되면 이 재능의 우연성이 무너지게 됩니다. 지금 많은 부를 가진 사람들은 자녀의 재능 관련 유전자를 조작할 것이고, 이제 부의 대물림과 함께 재능의 대물림이라고 할 만한 어떤 행위가 같이 이루어지게 됩니다. 이를테면 이런 질문을 해 볼 수 있는 것이지요. 정당한 재산을 자녀에게 상속하는 것이 잘못이 아니라면, 자녀가 특정한 재능을 지니도록 선택하는 것도 문제없는 것 아닐까요? 부자만 유전자조작을 사용할 수 있다고 가정하는 것은 섣부르며, 사회의 모두가 유전자조작을 통해 더 발전할 수 있다면 문제가 되지 않는 것 아닐까요?

그렇지 않습니다. 둘 중 어느 쪽을 선택해도 여러 가지 이유로 이미 형성되어 있는 불평등은 계속 유지될 것입니다. 어떤 배경을 가지고 태어나는지에 따라 삶에서 내내 불평등이 유지되었던 사회로 고대와 중세의 계급사회를 들 수 있지요. 귀족은 언제나 귀족, 노예는 언제나 노예였잖아요. 이런 신분제 계급사회는 소수의 이득을 위해 다수의 희생을 강제한다는 문제점이 있습니다. 인간이 살아 온 역사 속에서 시대마다 이 문제를 해결하기 위해 여러 이론과 정책이 나왔어요.

현대사회에서는 제도적 신분제가 사라지고 지식과 과학의 발달로 개인이 행사할 수 있는 힘이 그 어느 때보다 커졌지만, 사람들 사이의 불평등 문제는 여전히 남아 있습니다. 그럼에도 앞서 말한 재능의 우연성이라는 가정이 우리에게 세대 간 변화의 가능성을 남겨 주었지요. 그러나 유전자조작이 가능한 사회에서 이제 그 가능성은 사라집니다.

너무 비관적으로만 본 것 아니냐고요? 맞아요. 유전자조작은 당연히 이로운 점이 있지요. 유전질환을 치료하는 가장 확실하며 근본적인 방법이니까요. 유전자조작을 통해 인간이 더 뛰어난 존재가 되면, 지금의 걱정은 나중에 아무 문제도 아니게 될 거라고 주장하는 사람도 있습니다. 우리의 도덕적 능력 또한 유전자조작으로 바꿀 수 있다면, 모두가 더 평등한 사회가 되도록 하는 결정을 내리게 만들 수도 있을 테니까요. 실험적 단계이지만 이미 유전자가위 기술을 활용해 유전질환의 치료를 시작한 사례도 있기에, 이런 이야기가 먼 미래를 배경으로 한 SF에나 등장할 법한 것만은 아니에요.

더 뛰어난 인간을 만들겠다는 우생학,
왜 문제적일까?

유전자조작의 시대를 맞아 살펴보아야 할 것은 미래가 아니라 오히려 과거인지도 모르겠어요. 유전자가위 기술이 발견되기전, 아니 유전자가 무엇인지 명확히 알기 전에도 사람들은 재능의 유전에 대해 관심을 가졌거든요. 심지어는 이를 통제하려고 했지요.

이전부터 사람들은 대를 이어 전해지는 특성이란 것이 있고, 계획된 짝짓기를 통해 그 특성을 변화시킬 수 있음을 알고 있었어요. 식물과 동물의 종자를 개량하여 농업과 목축업에 적합한형태로 만들어 나갔으니까요. 19세기가 되자, 사람들은 생각합니다. '이런 방식을 인간에게 적용하면, 더 뛰어난 인간을 만들수 있지 않을까?' 이런 생각의 대표 격인 우생학을 주장한 것이영국의 인류학자 프랜시스 골턴이었어요.

간단히 말해 우생학은 열등한 인간의 수는 줄이고 우등한 인간의 수는 늘려 인간 종 자체를 개량하려는 기획이에요. 유전자조작을 적용하면 확실하게 추구할 수 있는 목표겠지만, 아직 유전자가 무엇인지도 모를 때 나온 주장이다 보니 그 실현을 위해 두 가지 방법을 동원했습니다. 하나는 우등한(정확히는, 사회가 우등하다고 판단한) 인간 사이의 결혼을 격려하는 것입니다. 다른 하나는 열등한(마찬가지로, 사회가 열등하다고 판단한) 인간이 아이를 낳지 못하게 하는 것이지요.

제2차 세계대전 당시 나치 독일은 이런 주장을 실제 정책으로 실행했습니다. 나치 독일은 자기들이 열등한 인간이라고 낙인찍은 유대인이나 집시, 장애인, 정신질환자 등을 가스실로 보내 강제로 안락사 시키거나, 불임수술을 해 아이를 낳지 못하게 했거든요. 이로써 우생학은 나치의 악마적 잔혹함을 잘 보여 주는 사례로 역사에 남게 되었어요. 안타깝게도 나치 독일만 그런 정책을 편 것은 아니었어요. 다른 나라들도 우생학을 도입한 후 장애인이나 정신질환자에게 불임수술을 한 기록이 남아 있습니다.

우생학이 지닌 문제는 그 강제성에도 있지만, '뛰어남', '우월함'의 사회적 통념을 당연한 것으로 받아들였다는 데도 있어요. 잘한다는 것, 대단하다는 것은 맥락에 따라 달라지는 가치인데 마치 어느 상황에서나 적용될 수 있는 불변의 기준이 있는 것처럼 여겨졌지요. 예를 들어 볼까요? 저는 의사이기도 하지만 의료윤리학을 바탕으로 글을 쓰는 사람입니다. 그래서 저에게는 놀라운 감각을 지닌 문장을 쓰는 것, 경험한 문제를 날카롭게 파고드는 것, 잘 벼려진 구조를 갖춘 글을 완성하는 것 등이 대단한 일로 다가옵니다.

　만약 누군가 저에게 "넌 글을 쓰는 사람이니까 키가 커야 되겠다. 그런데 넌 키가 작으니 열등한 작가구나"라고 말한다면 어떨까요? 저는 이런 말에 굳이 응답할 가치를 느끼지 못하거나, 농담을 하고 있다고 생각할 것 같아요. 하지만 저에게 이런 말을 한 사람은 그게 진심이라면, 더 나아가 키가 작은 사람은 작가가 될 수 없다고 여겨 저와 같이 키 작은 사람이 쓴 책은 불태워 버린다면 어떨까요.

　우생학은 당시 사회가 중요하게 여기는 조건, 예컨대 외모, 키, 체격, 지능을 어떤 사람의 우열을 가르는 기준으로 사용했어요. 지금 우리 사회도 그렇지 않냐고요? 안타깝게도 그런 측면이 있습니다. 이런 조건이 중요하지 않은 것은 아니지요. 하지만 이런 조건을 가진 사람이 노력하여 성과를 거둘 수 있다는 것과, 조건'만' 중요시하며 이 조건을 갖추지 못한 사람은 아무리 해도 삶에서 좋은 결과를 낼 수 없는 것 사이에는 엄청난 차이가 있습니다.

　사회가 선호하는 조건을 갖춘 사람을 인위적으로 늘리고, 그렇지 않은 사람은 줄인다는 개념의 우생학은 제2차 세계대전과 나치의 패망 이후 많은 비판을 받으며 그 힘을 잃어버렸어요. 그러나 오늘날 유전자조작으로 인해 우생학이 부활하고 있는 것처럼 보입니다. 사람들이 '유전자조작으로 내 자녀가 뛰어난 신체조건과 지능을 갖추고 태어나도록 도와주는 것이 왜 잘못이냐'라고 물을 때, 이 질문은 우생학을 그대로 반복하고 있기 때문이지요.

몇몇 생명윤리학자는 열등한 자를 강제로 줄이는 방식의 우생학만 나쁘다는 식으로 우생학의 적용을 구분합니다. 따라서 우등한 자를 만드는 유전자조작의 방식이나 '우수한 유전자를 가진 사람끼리 결혼해야 한다'라는 우생학의 결혼 장려책 등은 잘못이 아니라고 주장하기도 했지요.

전 그렇지 않다고 생각해요. 앞에서 말한 것처럼 우생학이 비판받은 것은 강제적인 정책이었기 때문만은 아닙니다. 우등한 인간과 그렇지 않은 인간을 가릴 수 있다고 여기고, 그러한 생각이 어떤 문제를 불러일으킬지 깊이 고민하지 않은 채, 단지 신체나 정신의 특정 조건을 통해서만 좋고 나쁨의 기준을 부여했기 때문입니다.

욕망하는 존재로서 인간은 비뚤어지거나 이기적인 마음을 가질 수 있습니다. 평범한 사람도 때로 이런 욕구가 있을 수 있지요. 다만 우생학은 그런 욕구를 판단의 기준으로 사용했기 때문에 잘못이라는 것입니다. 유전자조작 기술을 탐구함에 있어, 우리는 유전자조작을 통해 바꾸려는 조건이 무엇인지 질문해야 합니다. 과연 뛰어난 외모와 높은 지능이 사회의 모든 문제를 해결할까요?

유전자조작이 가져올 미래를
대비하는 고민

3세대 유전자가위 기술이 퍼지면서 이제 유전자조작은 막연한 미래가 아니게 되었어요. 연구 기술이 빠르게 발전하고 있기에 '유전자조작' 하면 떠오르는 불안감 역시 점차 사라질지도 모르겠습니다. 이런 기술을 생명체에 적용할 수 있으려면 기술의 안전성이 충분히 확보되어야 합니다. 또한 누군가 이런 실험적인 기술을 충분한 안전장치 없이 인간이나 동물에게 활용한다면 그것은 비난 또는 처벌의 대상이 되어야 할 거예요.

그런데 궁금해집니다. 유전자조작 기술의 안전성이 확보된 다음이 말이지요. 유전자조작을 통해 질병과 같은 나쁜 조건은 없애고 우리가 좋은 것이라고 생각하는 외모나 큰 키, 또는 높은 지능으로 향상한다면, 그것은 아무 문제가 없을까요?

여러 가지 이야기를 할 수 있지만, 유전자조작이 불가능하던 시절에 이런 노력을 기울였던 우생학을 살펴본 이유가 여기에 있어요. 그 시절에는 직접 유전자를 고칠 수 없었기에 우생학자들은 뛰어난 조건을 갖췄다고 보는 사람들을 맺어 주고 그들이 나쁜 조건이라고 여겼던 특성을 갖춘 사람들은 아이를 낳지 못하게 만들거나 심지어 안락사를 시키기도 했잖아요. 유전자조작의 미래를 생각할 때, 우생학이 남긴 교훈을 참조할 수 있을 거예요.

아이를 낳는 것은
누가 결정할까?

가족들이랑 드라마 〈우리들의 블루스〉를 보다가 고등학생 커플이 임신한 사실을 알게 되는 장면을 봤어요. 옆에 있던 누나는 몇 년 전에 낙태죄 헌법불합치 선고가 내려졌다고 알려줬고요. 학교에서 배우긴 했지만, 아직 임신에 대해 깊이 생각해 본 적은 없어요. 그렇다고 남 일이라고 생각하기만 해서는 안 될 것 같기도 해서 다음 날 인터넷으로 찾아봤어요. 하지만 헌법불합치 선고라는 것이 어떤 의미인지, 선고 이후에 무엇이 변했는지 잘 모르겠더라고요. 낙태, 임신중절, 임신중지라는 말도 어려워요. 다 다른 말인 건지, 아니면 같은 의미인데 상황에 따라 다르게 쓰이는 건지 알 수 없었어요. 무엇보다 이해가 가지 않았던 건, 아이를 가지는 것은 여성이고 여성의 신체에 나타나는 변화인데 여기에 '죄'라는 표현이 붙었다는 점이에요. 누가 암 치료를 받았다고 벌을 받지는 않잖아요. 그런데 낙태죄는 왜 생긴 걸까요? 어떤 커뮤니티에는 '낙태죄가 없어진 것은 큰 잘못이다, 태어날 아기들을 죽이는 일이다'라는 글이 올라왔더라고요. 그걸 읽고 나니 좀 무서워지기도 했어요. 대체 뭐가 맞는 걸까요?

낙태? 임신중절?
임신중지?

"말에는 힘이 있다"라는 표현을 들어 보았나요? 어떤 말은 누군가를 격려하기도 하고 어떤 말은 누군가에게 큰 상처를 입히기도 하는 걸 보면, 그런 것 같기도 합니다. 말은 누군가를 규정하기도 하고 바꾸기도 하지요. 독일의 철학자 하이데거는 "언어는 존재의 집이다"라고 말하기도 했대요.

우리가 언어로 된 집 안에서 살아간다고 생각하면, 어떤 말이나 글이 얼마나 큰 힘을 가지는지 새삼 느끼게 됩니다. 바로 이런 이유로 '임신 이후의 선택'에 대해 말하는 일도 매우 조심스러워집니다. 누군가에겐 큰 상처가 될 수도 있고, 누군가는 선택 앞에서 주저하게 될지도 모르니까요.

그래서일까요? 저는 무엇이 맞는다, 틀리다 하는 답을 찾아가는 학문이 아니라 의료와 관련된 최선의 과정과 선택을 고민하는 학문인 의료윤리를 연구하고 실천할 때 안심이 되는 것 같습니다. 어려운 문제 앞에서 도망치는 기분이 들 때도 있지만요. 하지만 앞의 사연처럼 진솔한 고민을 마주했으니 그 어디로도 도망가서는 안 되겠지요.

이런 이야기로 시작한 이유는 '낙태', '임신중지', '임신중절' 이라는 말에도 분명 힘이 있기 때문입니다. 똑같은 행위를 가리키는 것 같은 이 표현들은 각자의 역사를 지니고 있어 단어마다 활용 방식이나 맥락이 상당히 다르거든요. 일단 이 세 단어는 '임신한 여성의 자궁에서 발달 중인 배아 또는 태아를 제거하는 행위'를 가리킨다는 점에선 동일해요. 하지만 이 행위를 어떻게 판단하는지의 차이가 각 용어의 사용에서 드러납니다.

낙태는 오랜 역사를 지닌 말로 태(胎), 즉 배 속의 아이를 둘러싸고 있는 전체를 떨어뜨린다(落)는 뜻을 지니고 있어요. 이 표현은 태아를 떨어뜨리는 외부의 누군가가 있다고 가정한다는 점에서 매우 수동적입니다. 아직 수술법이나 제대로 된 약이 없던 시대에 만들어진 표현이라서 그렇습니다.

'낙태죄'를 신문 등의 매체로 일상에서 많이 접해 온 현대에는 '낙태'와 '죄'를 연결해 생각하거나 말하는 게 자연스럽겠지만, 이 말이 생겼을 때부터 그랬던 것은 아니에요. 조선 시대에는 어떤 방법으로든 여성이 스스로 낙태를 한 경우엔 죄를 묻지 않았으니까요. 타인의 폭력으로 낙태당한 경우에는 가해자가 처벌을 받았고요.

　낙태가 죄가 된 것은 일제강점기 이후의 일이었어요. 당시 기독교 문화에서 나온 유럽의 법 제도를 그대로 따른 것이기도 하지만, 제국주의 시기 인구수를 빠르게 늘려 국력을 키우고자 한 지배층의 선택이기도 했지요. 지금 우리가 말하는 '낙태죄'는, 경제적 관점에서 탄생한 국가의 강제적 통제 수단이었어요.

　'임신중지'와 '임신중절'은 글자 하나만 다르지만 사실 큰 차이가 있습니다. 중지(中止)는 하던 일을 중간에서 그만두는 것을, 중절(中絶)은 중간에서 끊음을 의미해요. 두 단어는 중간에서 멈춘다는 의미는 같지만, 중지의 경우 본인이 직접 하던 것을 멈춘다는 의미인 반면 중절은 누가 끊는 행위를 하는지 나타내지 않습니다.

　임신중지, 임신중절도 마찬가지로 이해할 수 있어요. 임신중지는 임신한 사람, 즉 임신부가 현재의 임신 상태를 멈추겠다고 스스로 결정하여 행위하는 것을 의미합니다. 임신중절은 누가 결정했는지와 상관없이 임신 상태를 이어 가지 않는 행위 자체를 가리키지요. 따라서 임신중지의 경우엔 어떻게 결정에 도달하게 되었는지가 중요하게 다루어지고, 임신중절의 경우엔 어떤 방법을 썼는지가 이야기됩니다.

　정리해 볼까요? 낙태, 임신중지, 임신중절, 이 세 단어를 구분하는 기준은 낙태를 누가 결정하느냐에 있습니다. 낙태는 외부의 요청 또는 결정, 임신중지는 여성 스스로의 결정, 임신중절은 그 결정에 따른 의학적 행위의 수행을 가리킨다고 말할 수 있지요.

여러분도 눈치 챘을 겁니다. 이 논의에는 이상한 내용이 끼어 있습니다. 우리는 자기 몸에 관한 일을 자신이 결정하는 것을 점차 당연한 권리로 받아들이고 있잖아요. 이것을 자기결정권이라고 부른다는 것은 앞에서 안락사를 설명하며 이미 이야기한 적이 있지요. 그렇다면 국가 또는 사회가 여성의 몸에 개입하면 안되는 것 아닐까요? 임신이라는 사건은 여성의 몸 안에서 발생하는 일이니까요.

낙태죄는
왜 생긴 걸까?

이 문제를 더 깊이 파고 들어가기 위해 우리는 18세기 사회가 어떤 일을 벌였는지 먼저 살펴봐야 합니다. 18세기는 유럽을 중심으로 한 제국주의적 확장이 전 세계에서 벌어지던 시기입니다. 17세기까지는 식민주의 시기라고 부르는데, 그때까지 유럽

국가들은 식민지를 늘리는 데에 집중했을 뿐 국가 차원에서 식민지를 총체적으로 관리하지는 않았어요.

하지만 18세기가 되자, 제국주의 열강은 식민지에서 생산되는 자원을 자기들 나라로 가져가는 수탈을 자행합니다. 또한 지배국들은 자국에서 만든 생산품을 식민지에 내다 팔며 국력을 키웠습니다. 여기에서 중요하게 등장한 개념이 '국력', 즉 국가가 지닌 힘이에요.

지금은 국력이라고 하면 '경제력'이나 '군사력'을 바로 떠올릴 겁니다. 그러나 왕과 귀족의 시대였던 17세기까지 국력은 하나의 국가, 군대, 경제를 의미하지 않았어요. 국왕 밑에 속한 여러 봉건영주가 각자의 영토, 군사, 시장을 합치는 것을 뜻했지요. 영주들이 잘 모이면 국가의 힘이 세지고, 흩어져 있으면 약해지는 거였습니다.

그러나 18세기엔 '국민국가'라는 개념이 탄생합니다. 이제 국가는 국민, 민족에 기초한 시민의 동질성을 강조하지요. 역사, 교육, 언어를 통일해 하나의 국가라는 이념을 사람들에게 주입하기 시작해요. 이때 국민국가의 힘을 결정하는 것은 국민이 됩니다.

바로 그 무렵인 1784년, 토머스 맬서스는 《인구론》을 통해 국민의 수가 마냥 늘어나는 것은 좋지 않다고 주장해요. 인구는 급

속도로 증가하지만 식량 생산은 천천히 증가하기 때문에 인구가 급작스럽게 늘어나면 빈곤층만 더 생겨날 뿐이라고요. 이 책은 당시 많은 사람에게 영향을 주었고, 성장하던 국민국가는 어떻게 인구수를 조절할 것인가에 관심을 두게 되었습니다. 그리고 국가의 힘은 적정 인구가 최대의 능력을 발휘할 때 생긴다는 결론에 도달했지요.

이때 인구수 조절 방법으로 피임과 낙태가 등장합니다. 문제는, 20세기 초까지도 제대로 된 피임법이 없었다는 것이었어요. 라텍스 콘돔이 시판된 것은 1839년이지만, 일반인에게까지 널리 퍼지지는 않았습니다. 먹는 피임약이 개발된 것은 1960년의 일이었지요. 제대로 된 피임 방법이 보급되지 않은 상황이다 보니 자연스레 낙태가 인구 조절의 방식으로 자리 잡게 되었습니다.

모두가 이런 변화를 환영했던 것은 아니에요. 가톨릭교회는 낙태를 강하게 반대했어요. 신이 태어나게 한 생명을 인간이 막을 수 없다는 것이 이유였지요. 하지만 맬서스의 이론은 인구 개조를 주장한 우생학과 결합합니다. 우월한 사람의 계획 결혼과 열등한 사람의 불임수술 및 안락사를 통해 인구를 발전시키려던 우생학의 계획은 인구수 조절 정책과 만나 출산 조절 운동으로 이어져요. 이 운동에 참여한 사람들은 가난한 저개발 국가가 성장하려면 강력한 산아제한 정책을 펴야 한다고 주장했습니다. 국가가 발전하려면 태어나는 아이의 수를 조절해야 한다는 거지요.

경제부흥에 한창이던 우리나라도 이 운동에 영향을 받습니다. 정부는 1960년대부터 가족계획 운동을 벌였지요. 1970년대에는 "딸 아들 구별 말고 둘만 낳아 잘 기르자"라는 구호가 등장했습니다. 지금은 폐기된 지 오래인 이 구호는 가족계획 운동의 결과물 중 하나였어요. 그리고 국가는 이런 정책을 시행하면서 피임법을 보급합니다. 또한 여성의 낙태에 대해서도 드러내 놓고 장려한 것은 아니지만 허용은 했지요. 이런 정책은 1990년대 이후 출생률이 2명 이하로 줄어들면서 사라집니다.

지금 우리나라는 출생률이 너무 낮아서 문제라고 말하는 시점까지 왔습니다. 국가의 미래가 걱정되니 아이를 낳아야 한다는 주장은 말도 안 되지요. 다만 이런 상황이 벌어진 배경은 꼭 생각해 봐야 해요. 국가는 출생률을 줄여야 한다고 주장하고 산아제한 운동까지 벌였으면서, 청년들의 삶이 버거워 아이를 낳는 것을 꿈꾸지 못하는 세상이 되니 이젠 아이를 낳아야 한다고 말하고 있습니다.

그럼 왜 낙태죄가 생겼고, 문제가 되었을까요? 종교적 이유 등으로 낙태를 반대해 온 주장은 오랜 역사와 힘을 가지고 있어요. 근대법이 만들어질 때도 그런 주장을 펴는 이들의 권력이 영향을 미쳤기에 낙태를 금지하는 조항이 들어갔고, 그 결과가 낙태죄입니다. 하지만 현대에 와서는 법 조항에 낙태죄가 있어도 그 죄를 묻지 않았어요. 인구수 조정을 위해 낙태를 오히려 장려해야 하는 현실적 상황 때문이지요.

출생률이 낮아지자, 다시 낙태를 반대하는 주장이 들려왔습니다. 낙태죄가 있음에도 낙태를 행하는 사람들을 처벌하지 않는 것은 잘못이라고 외치는 이들의 목소리로 인해 낙태죄가 뜨거운 쟁점이 되었어요. 그리고 2019년 우리나라 헌법재판소는 낙태죄가 헌법을 위반한다는 판결을 내렸습니다. 모든 법의 기본인 헌법에 신체 자기결정권이 표현되어 있는데, 낙태죄는 이것을 어기므로 수정이 필요하다고 결정을 내린 것입니다.

그렇다면 이제 결론이 난 것일까요? 여성의 신체 자기결정권이 우선한다면 임신중지는 자유로운 선택이 됩니다. 여전히 낙태 반대와 임신중지 찬성이 서로 충돌하는 것은 그저 낙태 반대 측이 억지를 부리는 것일 뿐이겠지요. 하지만 문제가 완전히 해결된 것은 아니에요. '인간'에 대한 우리의 생각이 변하고 있기 때문입니다.

임신중지,
잘 결정하는 방법이 있을까?

근대까지 여러 사상은 인간의 이성을 다른 모든 것 위에 올려 놓았어요. 대표적으로 철학이 그랬고, 고전경제학도 그렇게 했지요. 인간은 생각하는 동물이고, 합리적으로 자신의 이익을 추구할 수 있는 존재라는 가정이 두 학문을 떠받쳤어요. 하지만 사람들은 두 차례의 세계대전을 겪고 이후의 여러 위기를 넘어서면서, 그리고 심리학 같은 인간 정신을 연구하는 학문이 발전하면서 점차 깨닫게 됩니다. 인간 이성은 한계가 있으며, 우리는 그렇게까지 합리적 결정을 내리는 존재가 아니라는 것을 말이지요.

하지만 신체 자기결정권이라는 논의가 강조되던 시점까지도 법과 윤리는 아직 인간의 합리성에 대한 신뢰를 잃지 않았어요. 오히려 다른 사람의 권력이나 강제, 조종으로 자신의 합리성을 제약받는 인간을 보호하는 것이 법과 윤리의 역할이라고 생각했지요. 이것은 낙태 대 임신중지의 논의에도 적용됩니다. 인구수 조정을 위한 산아제한 운동과 같이 국가나 사회 등 외부에서 낙태를 강제하는 것을 법과 윤리가 막아 임신중지의 선택을 여성 스스로 내릴 수 있도록 돕는 것이 옳은 일이라고 생각한 것이지요.

사람은 생각보다 비합리적입니다. 이성보다 감정이 우선할 때가 많으며, 개인이 합리적 판단을 내렸다고 생각한 것도 그때의 상황과 분위기에 영향을 받아 내린 결정일 수 있지요. 최근에야 우리는 인간에 대해 새롭게 통찰하기 시작했습니다. 인간은 최선의 결정을 내리기 위해 여러 도움이 필요한 존재라는 것을요. 심리학과 경제학을 결합한 행동경제학, 심리학과 윤리학을 결합한 도덕심리학이 이런 주장을 하는 대표적 학문 분야입니다.

이 주장을 임신중지에도 적용할 수 있어요. 임신중절을 선택하는 것은 여성입니다. 그러나 여성에게 임신중지가 최선의 선택이 되려면, 여러 도움과 조언을 통해 다양한 선택지를 고려할 수 있는 기반이 조성되어야 합니다. 그렇지 않으면 임신중지 선택에 따른 책임이 여성 개인에게 집중될 수 있어요. 결과적으로 다른 사람은 책임을 회피하는 일이 될 수 있고요. 너무 복잡하게 생각하지 않아도 됩니다. 우리가 살면서 큰 결정을 내릴 때 주변 사람의 조언과 도움을 필요로 하듯 임신중지도 마찬가지인 겁니다.

우리에게 필요한 것은 여성이 결정을 잘 내릴 수 있도록 지원하고 지지하는 체계와 방법입니다. 임신중지 결정을 내림에 있어 조언자에게서 도움을 구할 수 있고, 손쉽게 의학적·사회적·심리적 정보를 구할 수 있어야 합니다. 또한 단지 임신중지 결정만이 아니라 임신을 지속하거나 포기했을 때 이후 벌어질 상황까지 구체적으로 논의할 수 있는 공간이 필요합니다. 이것을 통틀어 '숙려', 곰곰이 생각하는 일이라고 부르지요. 제대로 숙려할 수 있으려면, 가령 어린 나이에 임신한 사실을 죄악시하여 비난하는 분위기가 없어져야 할 거예요. 여성에게 사회가, 주변이 먼저 도움의 손길을 내미는 환경이 조성되어야 합니다.

아직 우리나라에선 낙태, 임신중절, 임신중지를 공개적으로 이야기하는 분위기가 형성되어 있지 않아 이런 논의가 불편하게 느껴지는 사람도 있을 수 있습니다. 하지만 모두가 잘 알고 있어야 하는 이야기입니다. 특히 남성이 곰곰이 생각해 보아야 합니다.

아직까지 남성이 임신할 수 있는 방법은 없으므로, 임신은 오롯이 여성의 몫인 것처럼 보이지요. 그러나 임신은 혼자서 하는 일이 아니라는 사실을 잊지 말아야 합니다. 또한 임신 이후의 결정과 그에 따른 책임은 여성과 남성 모두가 함께 짊어져야 한다는 사실도요. 그러니, 서로에게 더 조심스럽게 다가갈 필요가 있음을 기억해 주었으면 해요. 사랑은, 서로를 아끼는 마음이니까요.

코로나19 백신,

위험하다는데 맞아도 될까?

코로나19 사태가 심각해졌을 때, 국민 모두가 백신이 나오기를 기다렸잖아요. 백신이 나오고, 한국의 백신 접종률이 높다는 기사를 보니 안심이 되더라고요. 독감이 겨울마다 찾아오지만, 사람들은 백신을 맞고 넘어가니까요. 코로나19도 그렇게 될 줄 알았어요. 그런데 인터넷에서 충격적인 이야기를 봤어요. 백신을 맞고 죽은 사람도 있고, 식물인간이 된 사람도 있다는 거예요. 백신이라는 게 질병에 걸리지 않으려고 맞는 거잖아요. 오히려 사람을 아프게 만들거나 부작용이 심각하다면 백신을 맞지 말아야 하는 거 아닐까요? 한편으론 코로나19로 돌아가신 분들도 많은 걸 보면 백신이 필요한 것 같아 혼란스러워요. 앞으로도 바이러스나 특정 질병이 대유행해서 전 세계적으로 비상사태가 선포될 수도 있을 텐데요. 그럴 때마다 매번 백신을 맞을지 말지 고민해야 하고, 부작용을 두려워해야 할까 봐 걱정되네요.

백신이
자리 잡게 된 과정

백신은 인류를 괴롭혀 온 여러 감염성 질병으로부터 우리 몸을 지키는 힘을 발휘해 왔어요. 백신의 효과를 가장 잘 보여 준 질병으로 천연두가 있지요. 천연두는 천연두바이러스나 작은마마바이러스에 감염된 것인데, 온몸에 뾰루지가 생기는 질병입니다. 특히 천연두바이러스는 치사율이 30%에 이르렀기 때문에 옛날 사람들은 이 병을 여신으로 대접해 '마마(媽媽)'라고 부르며 무서워했어요.

하지만 영국의 의사 에드워드 제너가 우두법을 발견하면서 상황이 변하기 시작했지요. 제너는 의사가 되어 고향에 의원을 차리는데, 소젖을 짜는 여성이 소 천연두(우두)를 앓은 다음에 사람 천연두에 걸리지 않는다는 이야기를 듣고 관심을 가지게 됩니다. 우두에 걸리면 가벼운 증상만 겪고 잘 나았거든요. 제너는 9세 때 우두에 걸렸던 적이 있다는 존 필립이라는 62세 노인에게 천연두 접종을 실험하여 노인이 천연두를 앓지 않음을 확인했습니다.

제너는 우두를 인위적으로 옮기면 천연두를 막을 수 있을 것이라고 확신하게 됩니다. 그리고 1796년, 8세 소년 핍스에게 우두를 접종하여 성공하게 됩니다. 이후 실험을 거듭한 제너는 우두법에 확신을 가지고 런던왕립학회에 결과를 보고했어요. 이 지식은 빠르게 전 세계로 퍼졌고, 제너는 천연두로부터 인류를 구한 업적으로 칭송을 받게 되었지요.

이후 우두법과 비슷한 예방법을 백신이라고 부르게 되었어요. 백신(vaccine)이라는 말은 암소를 뜻하는 라틴어 vacca에서 나온 것이지요. 백신이 발전하면서 천연두바이러스는 연구 목적으로 엄중한 보호시설을 갖춘 실험실에만 남아 있는 신세가 되었습니다.

현대에 백신이 유명해진 것은 소아마비 때문이에요. 폴리오바이러스에 감염된 소아의 뇌신경에 손상을 일으켜 다리를 못 쓰게 만들고, 고열과 통증으로 사망에 이르는 무서운 병인 소아마비는 1940년대 말까지도 별다른 해결책이 없었어요. 성인도 바이러스에 걸리면 후유증으로 마비가 남을 수 있었습니다.

이때 소아마비 백신을 개발하여 아이들을 구한 것이 미국의 조너스 소크였습니다. 인플루엔자 백신을 연구하던 소크는

1947년, 피츠버그대학교 의과대학의 바이러스연구소 소장이 되었습니다. 국립소아마비재단으로부터 지원을 받은 소크는 소아마비 백신 개발에 돌입하지요. 그는 바이러스를 약품 처리하여 불활성화시키는 방식을 연구해 백신을 만들어 내는 데 성공합니다. 소크가 백신을 개발하던 시기, 미국의 소아마비 발병 사례는 연평균 4만 5,000건 이상이었어요. 하지만 소크의 백신이 공급되고 난 1962년, 발병 건수는 910건으로 줄어듭니다.

제너와 소크 사이에는 공통점이 여럿 있었습니다. 당시 사람들을 크게 괴롭히던 질병의 백신을 개발하여 바이러스의 공포로부터 사람들을 풀려나게 했다는 것도 있지만, 두 사람 모두 개발 결과에 특허를 내지 않았어요. 특히 소크는 백신의 특허에 관해 방송국 인터뷰에서 질문을 받자, "특허를 가진 것은 사람들일 겁니다. 특허는 없습니다. 태양에 특허를 낼 수 있습니까?"라는 대답을 했지요. 그는 공익을 위해 자신의 이득을 포기했다는 명성을 얻습니다.

제너의 우두법이나 소크의 소아마비 백신이 아무런 문제도 없고 완전히 안전한 것은 아니었어요. 심지어 제너가 우두법을 개발하며 시도했던 일들은 현내의 연구윤리적 관점에서 볼 땐 적절치 않은 부분도 있었지요. 하지만 두 사람의 백신이 질병에서 사람들을 구하는 데 큰 역할을 수행했다는 것은 분명합니다.

왜 사람들은
백신을 무서워할까?

제너를 통해 백신이 처음 등장했을 때부터 백신을 두려워하는 사람들이 있었어요. 제너의 우두법은 소가 걸리는 병을 사람에게 옮기는 것이잖아요. 당시에 백신을 접종받으면 소의 모습으로 변한다는 소문이 퍼져 사람들이 기피하기도 했어요. 근거 없는 소문이었지만 강력한 힘을 발휘했습니다. 그런데 백신과 관련된 소문 중 가장 강력했던 것은 홍역, 볼거리, 풍진(MMR) 백신이 자폐증을 유발한다는 이야기였어요. 더구나 이 소문은 그저 소문으로만 끝나지 않았습니다.

1998년 2월, 저명한 의학학술지 《랜싯》에 충격적인 연구가 실렸습니다. 〈아동의 회장 림프양 결절성 증식증, 비특이성 대장염, 전반발달장애〉라는 긴 제목의 논문이었지요. 내용은 MMR 백신이 장염과 자폐증을 일으킨다는 거짓 주장을 늘어놓은 것이었어요. 이 논문을 발표한 영국의 의사 앤드루 웨이크필드는 발달장애와 장의 이상 증상을 보이는 12명의 아동을 사례로 들어 이것을 새로운 증후군으로 정의합니다. 증후군이란 동시에 여러 증상이 나타나는 것을 말해요. 웨이크필드는 이 증후군과

MMR 백신접종의 선후관계를 볼 때 백신접종 때문에 발생한 것으로 보인다고 주장했습니다.

이후의 여러 연구가 MMR 백신과 장염, 자폐증의 연관 관계를 확인하는 데 실패했어요. 하지만 요란한 언론보도와 함께 "백신이 자폐증을 일으킨다"라는 소문은 전 세계로 빠르게 퍼져 나갔습니다. 이 논문, 어떻게 되었을까요?

2004년《선데이 타임스》의 기자 브라이언 디어가 추적조사를 발표합니다. 백신 피해 소송을 준비하던 변호사 리처드 바가 웨이크필드를 고용하여 연구를 시켰고, 이들은 MMR 백신과 자폐증 사이 연관성을 그럴듯하게 보여 줄 수 있을 것으로 보이는 아동 12명을 찾아서 발표했다는 것이었어요. 즉, 이들은 발견에서 결론을 끌어낸 것이 아니라, 결론을 이미 정해 놓고 결론에 맞는 증거를 찾아다녔던 거예요. 논문은 2004년 부분 철회, 2010년 전체 철회의 처분을 받게 되고, 그해 웨이크필드는 영국에서 의사면허증을 박탈당합니다.

그런데 하나의 소동처럼 보인 이 논문 사건이 실제 영향을 미쳤을까요? 이후 여러 국가에선 MMR 백신접종률이 낮아지기 시작했고, 거의 없어졌다고 생각했던 홍역이 슬그머니 다시 고개를 들었습니다. 2019년, 미국의 홍역 감염은 위기 상태까지 상승했지요.[1] '백신 손상'이 여기에 영향을 크게 미친 것으로 꼽

힙니다. 백신 손상이란 원래는 받지 않았어야 할 피해를 백신으로 인해 입게 되었다는 이야기, 그리고 그것을 증명하는 것처럼 보이는 여러 이야기를 가리킵니다.

저는 이 사례에서 두 가지 흥미로운 점을 발견했어요. 왜 백신인가, 그리고 소문이 정말로 힘을 가지는가 하는 것입니다. 현대 의학이 활용하는 여러 치료법이나 우리가 먹는 약은 문제를 삼지 않으면서(물론, 현대 의학 자체를 부정하는 사람도 있는 것은 사실이지만, 그건 이와는 다른 신념의 문제이므로 여기에선 이야기하지 않을게요) 백신만 콕 집어 문제 삼는 이유는 무엇일까요? 그리고 웨이크필드 사건의 경우, 흔히 일반인은 이런 논문을 찾아 읽지 않으므로 그냥 과학계의 내부 논란으로 끝났을 수도 있었을 거예요. 하지만 그 사건이 이후에 영향을 미쳤다면, 적어도 백신과 관련된 소문은 상당한 힘을 가지고 있음이 사실인 겁니다.

백신 소문에 관해 연구한 인류학자 헤이디 라슨의 책《사면초가》에 따르면, 여기에서 문제가 되는 것은 감정입니다.[2] 개인이 필요해서 맞지 않고 맞으라고 요구받고 때론 강제당하는 것이 백신접종이기에, 사람들은 백신의 주삿바늘을 외부로부터의 침입이라고 여깁니다. 그리고 그것이 만들어 낸 부정적 감정은 바깥의 소문에 쉽게 영향을 받지요. 코로나19 팬데믹과 함께, 백신을 향한 부정적 감정 또한 감염되어 빠르게 확산되었습니다.

백신을 무조건
맞아야 할까?

　그렇다면 백신은 당연히 맞아야 하고 여기에 문제를 제기하는 것은 이상한 일인 걸까요? 그저 백신을 향한 부정적 감정이 확산되어서 사달이 난 것이었을 뿐 백신접종은 아무런 위험도 없는 걸까요? 꼭 그렇지는 않지요. 우리는 여기에서 두 영역을 잘 구분할 필요가 있습니다. 과학적 증거로 볼 때, 그리고 의학적 위험 평가로 볼 때, 백신을 접종하는 것은 개인과 사회에 유익합니다. 그러나 이런 유익이 개인에게 백신을 꼭 맞아야 한다는 의무로 이어지는 것은 아닙니다.

　다시 한번 정리할게요. 백신을 맞는 것은 유익한 일입니다. 하지만 유익한 일이라고 꼭 해야 하는 것은 아닙니다. 백신을 권할 수는 있습니다만, 백신을 맞으라고 강제해선 안 됩니다. 물론 예외는 있으며, 어떤 경우 백신접종을 국민에게 강하게 권고하는 것은 가능합니다. 하지만 청소년이 이런 권고를 무조건 따라야 하는지는 다시 생각해 보아야 할 문제입니다.

　코로나19는 성인, 그것도 60대 이상 노인 환자에서 높은 사망률이 나타나는 특징이 있습니다. 그렇다고 청년층은 아무런 문제도 없었던 것은 아닙니다. 심지어 아동, 청소년 중에도 코로나 19로 사망한 경우가 있고, 회복한 다음에도 호흡곤란 등의 후유증을 호소하는 사람들이 있지요.

한편, 코로나19 백신은 매우 빠른 속도로 개발됩니다. 소크가 소아마비 백신을 개발하는 데는 7년이 걸렸지요. 하지만 코로나 19 백신, 특히 2021년 주로 사용된 화이자 사와 모더나 사가 사용한 mRNA 방식의 백신은 1년도 되지 않는 기간에 개발, 시험을 마쳤습니다. 이런 빠른 개발 속도는 이전에 사용되지 않았던 백신 개발 방법이라는 불확실성과 함께 사람들에게 백신 활용에 대한 우려를 불러일으켰어요. 백신접종 후 이상 반응을 겪은 사람도 있고, 백신으로 인해 사망했다고 말하는 사람도 있습니다. 어떤 사망도 우리에겐 비극이지만, 백신과 관련하여 엄밀한 인과관계를 말하는 것은 아직, 적어도 2022년 하반기인 지금까진 어렵습니다.

현실적 상황이 이러하기에 우리는 코로나19로 인한 사망자와 백신으로 인해 사망한 것으로 의심되는 사람의 수를 비교할 수밖에 없습니다. 2022년 10월 25일 현재, 코로나19로 인한 국내 사망자 수는 2만 9,017명입니다.[3] 이 시점 기준 확진자 총수가 2,535만 5,350명이므로, 인구 10만 명당 사망자 수는 114.8명입니다. 한편 2022년 10월 8일까지 분석된 자료[4]에 의하면, 백신

이상반응 의심 사례 중 사망자는 1,875명입니다. 이 시점 기준으로 1억 3,097만 3,266회 예방접종이 되었으므로, 접종 10만 건당 사망 의심자 수는 1.4명입니다. 물론 연령대마다 위험의 정도는 다르지만, 백신으로 사망한 사례를 모두 인정한다 해도 사회 전체로 보았을 때 코로나19가 통제되지 않는 쪽이 압도적으로 위험합니다.

누군가는 이렇게 수치만으로 비교하는 것은 무의미하다고 말할 수도 있지요. 감염증은 바이러스 탓이지만, 백신은 인간 탓이므로 이 같은 단순 비교는 잘못이라고 생각할 수도 있고요. 그렇기 때문에, 백신접종을 강제해선 안 된다는 결론이 나오게 됩니다. 접종 결정은 개인이 이득과 위험을 나란히 비교해 스스로 내릴 일이지, 접종에 대해 국가나 사회가 강제력을 행사하는 것은 잘못입니다. 물론 사용한 지 오래되어 위험이 극히 낮은 것으로 확인된 백신의 경우엔 아동·청소년이 학업을 위해, 또는 성인이 특정 지역을 여행하기 위해 필수 접종을 받아야 하는 것으로 설정할 수 있지요. 아직까지는 코로나19 백신이 여기에 해당하지는 않을 것 같아요.

하지만 백신에 대한 부정적 감정이 사회를 뒤덮고 있는 상황을 고려할 때, 성인에 한해 백신접종을 강하게 권고할 수는 있어요. 원래 권고는 따르지 않는다고 처벌하지는 않는 정책을 의미합니다. 하지만, 팬데믹이라는 위기 상황에선 어느 정도 법적 구속력을 부여할 필요도 생겨요. 그 근거는 성인의 경우, 사회 구성원의 하나로서 약자를 보호할 의무가 있기 때문입니다. 마스크 착용 권고, 사회적 거리두기 권고, 백신접종 권고 모두 팬데믹 상황에서 약자를 보호하기 위해 개인에게 요청될 수 있으며, 법이 어느 정도 구속력을 지니는 것도 가능하다고 말할 수 있을 거예요.

청소년 또한 당연히 약자를 보호해야 하지만, 성인과 마찬가지로 사회 일반의 약자를 보호해야 할 의무를 지는 것은 아니지요. 아동·청소년은 오히려 사회에서 보호받아야 할 존재입니다. 이들에게까지 약자 보호를 이유로 백신접종을 요구하는 것은 정당화하기 어려워요. 물론, 일단 나를 지키고, 주변을 보호하며, 결과적으로 사회의 약자를 보호하기 위해 백신접종을 개인이 선택했다면 칭찬받을 만한 일입니다. 그러나 그것이 어떤 외부의 강제나 강요로 인해 이루어진다면, 우리는 그 상황이나 정책에 대해 명확히 문제제기를 할 수 있어야 할 거예요.

코로나19로 인해 사회적으로 많은 것이 변하게 될 거라고 이야기합니다. 사회구조도 그렇지만, 특히 여러 변화의 목소리가 나올 영역이 의료계일 거예요. 코로나19 팬데믹에 대응하면서 발생했던 문제들을 앞으로 어떻게 정리할지, 다시 코로나19 같은 팬데믹 사태가 찾아왔을 때 어떻게 해결책을 마련할지 등을 의논해야 하니까요.

예측은 어렵지만 코로나19가 지나간 다음 새로운 팬데믹이 찾아왔을 때, 여러분은 성인이 되어 있을 가능성이 높겠지요. 그때 여러분이 방역에 대해, 의료에 대해, 백신이나 치료제에 대해 자신의 견해를 가질 수 있기를 기대합니다. 흔히 우리가 '정치적'이라고 비난하듯 한쪽으로 편향된 자세가 아닌, 과학과 윤리를 균형 있게 다루는 자세를 기대해 봅니다.

적게 먹어서라도
마른 몸이 되고 싶은 나,
이상한 걸까?

예전부터 마른 몸이 되고 싶었어요. 좋아하는 유튜버랑 SNS에서 팔로우하는 사람들이 다들 모두 마르고 예쁜데 저도 그들처럼 되고 싶었거든요. 그래서 다이어트를 시작했어요. 학교에 다니니까 헬스장에서 하루에 몇 시간씩 운동할 순 없어서 그건 포기했고요. 그렇다고 요새 많이 파는 다이어트 식품이나 도시락으로 식단을 관리하기도 어렵더라고요. 급식비랑 용돈을 합쳐도 부족했죠. 그래서 선택한 방법이 적게 먹는 거예요. 평소 먹는 양의 삼 분의 일만 먹는 거죠. 그런데 부모님은 제가 밥 먹는 양이 너무 적다고 화내세요. 텔레비전이나 유튜브, SNS를 보면 인기 많은 사람들은 모두 말랐는데, 각자 개성이 다 다른 거지 마른 몸만 예쁜 건 아니라고 혼났어요. 그렇게 적게 먹다가 건강 망친다고요. 그런 말을 들으니 부모님의 이해를 받지 못하는 것 같았어요. 제가 밥을 아예 안 먹겠다는 것도 아니잖아요. 다이어트에 집착하는 제가 이상한 걸까요? 제가 원하는 몸을 갖기 위해 노력한다는 건데 무작정 혼내시기만 하니 너무 답답해요.

'정상'적인
외모라는 게 있을까?

　현대사회를 살아가는 우리는 몸에 대한 고민을 피할 수 없을 것 같습니다. 앞의 사연처럼 온라인이나 대중매체 속에서 마주하는 몸들은 날씬하거나 마른 몸이 대부분이지요. '모든 몸은 아름답다'라는 말이 맞는 말인 것 같다가도, 현실을 둘러보면 그런 것 같지 않으니까요. 답답한 마음을 이해합니다.

　몸에 관한 흥미로운 통계를 하나 소개할게요. 세계경제 발전을 도모하고 개발도상국의 재정 안정과 생활수준 향상을 위해 활동하는 국제기구가 있습니다. 바로 경제협력개발기구(OECD, Organization for Economic Co-operation and Development)입니다. 이 기구는 소속 국가에 관한 여러 자료를 조사해 발표하는데, 성인 과체중 및 비만에 대한 통계도 있어요.

　2021년 발표한 자료를 보면, 다른 국가들에 비해 한국과 일본의 성인 과체중 비율이 상당히 낮다는 사실을 알 수 있어요.[1]

OECD 평균이 59.6%인데요. 미국, 칠레, 멕시코는 75%에 근접하고 프랑스도 49%인데, 한국은 33.7%, 일본은 27.2%거든요. 간단히 말해, 다른 OECD 국가는 최소 성인 절반 이상이 과체중이며 한국은 열 명 중 세 명이, 일본은 네 명 중 한 명만이 과체중이라는 거예요.

왜 이런 결과가 나왔을까요? 아마도 식습관의 영향을 무시할 수 없을 겁니다. 우리가 먹는 식단이 옛날에 비해 많이 서구화되었다고 하지만, 여전히 밥과 반찬을 중심으로 한 한식이나 일식은 서구식 식단에 비하면 설탕과 지방의 비중이 낮으니까요. 하지만 식습관만으로 통계에 나온 서구와 아시아의 차이를 다 설명할 수 있을지는 모르겠어요. 또 한국과 일본의 차이는 어떻게 설명하면 좋을까요?

저는 각 나라의 문화가 강하게 영향을 미쳤다고 생각해요. 한국과 일본은 다른 사람의 시선에 늘 촉각을 세우고 다녀야 하는 대표적인 나라들입니다. 체면 또는 눈치라고 부르는 것이 여전히 사람들의 삶을 옥죄고 있지요. 이러한 문화는 코로나19 사태에서도 확인할 수 있었어요. 많은 이들이 방역 정책을 준수하고 백신을 맞았잖아요. 이를 좋게 해석하면 사람들이 국가 정책을 충실히 따른 것이지만, 다르게 보면 타인의 눈치를 보면서 집단적 행위에 동참한 것이라고도 말할 수 있겠지요.

특히 체중은 이런 외부의 시선과 기준에 영향을 많이 받는 영역이 아닐까 싶어요. 얼굴과 신체 등 외모를 보고 '얘는 뚱뚱하니 게으를 거야', '마르니까 예민할 거야' 하고 생각하거나, 성격과 개성은 제쳐두고 '잘생겼다', '못생겼다'와 같은 일차적 판단을 내리는 이들도 적지 않으니까요.

다행히 최근에는 다양한 외모를 추구하고 받아들이는 분위기가 만들어졌어요. 소위 '고전적인 미'가 유일한 기준이었던 시절과는 많이 달라졌지요. 하지만 '아름다운 신체'라고 하면 여전히 단 하나의 모습만을 가리키는 것 같아요. 마른 몸. 굳이 하나 덧붙이면, 말랐지만 근육이 적당히 붙어 있는 몸.

사실 과거에는 이른바 '정상'적인 얼굴이 있었어요. 전통사회에서는 고전적 아름다움, 한국전쟁 이후에는 서구적 아름다움을 지닌 얼굴이 '정상' 얼굴로 자리 잡고 있었지요. 지금은 많이 달라졌지만, 초기 성형수술은 이런 '정상' 얼굴을 만드는 것을 목표로 했었어요. 얼굴뿐 아니라 신체 또한, 서구적 아름다움을 '정상'으로 여기고 그렇지 못한 자신의 '비정상'적인 모습을 고쳐야 한다는 생각이 있었지요. 그런 분위기 때문에 가족과 또래 집단에서 우리는 외모에 내한 압력을 받습니다.

저는 이런 상황이 문제라고 생각해요. 사람들이 가정하는 표준, 즉 '정상'의 기준은 생물학적 정상과는 전혀 상관이 없기 때문이에요. 이런 사회적 기준 덕분에 한국의 비만율이 높지 않으니 긍정적인 것 아니냐고 말하는 사람도 있을 거예요. 하지만 이런 기준을 요구하지 않고도 비만율을 낮게 유지하는 방법은 있습니다. 운동의 효과를 강조하거나 다양한 형태의 신체를 받아들이는 분위기를 조성하고, 기후 위기에 대비해 식습관의 변화를 강조하는 등의 방법이 그 대안이 될 수 있을 거예요.

날씬하고
마른 몸 사진으로 뒤덮인 SNS

현대에 몸에 대한 기준은 대중매체와 SNS의 영향을 많이 받습니다. 2020년 후반의 사례를 이야기해 볼게요. 대표적인 SNS 회사 페이스북의 문서가 유출되었어요.[2] 이 중에는 회사 소속 연구진의 보고서도 포함되어 있었습니다. 내용은 다음과 같았어요.

페이스북은 소속 연구진에게 '자회사인 인스타그램이 십 대 청소년에게 미치는 영향'을 조사하도록 요청했습니다. 조사 결과, 인스타그램이 수백만 명에 달하는 십 대 청소년의 정신건강에 나쁜 영향을 미친다는 것이 밝혀졌어요. 신체에 관해 가지는 생각, 불안, 우울증, 심지어는 자살을 생각하는 빈도 등이 인스타그램을 사용하는 청소년에게서 높게 나타난다는 내용이었지요. 연구진은 이를 보고서에 담아 내부에서 발표했습니다.

페이스북 경영진은 내부 보고서에 진지하게 반응하긴커녕, 자신들의 서비스가 청소년에게 나쁜 영향을 미치지 않는다고 정반대로 홍보했어요. 결국 문서 유출로 이런 내용이 밝혀지고 내부고발자가 나서서 페이스북의 문제를 세상에 알렸습니다. 논란이 커지자 페이스북은 회사 이름을 메타(META)로 변경하는 것으로 문제를 덮으려 했고요.[3]

SNS는 사진을 보여 줄 뿐인데 뭐가 그리 문제였을까요? 문제는 인스타그램이 신체와 생활환경을 전시하는 데 초점을 맞추고 있다는 데 있어요. 인스타그램에서 공유되는 사진은 자신이 어떤 모습을 하고 어떤 옷을 입었는지, 어디에 가서 누구와 함께 했는지와 같은 내용을 담고 있습니다. 그렇기에 주로 신체 외형과 비싼 옷, 자동차, 명소 같은 것이 잘 드러나는 사진을 올리게 되고, 그런 사진이 더 많은 '좋아요'를 받습니다. 그리고 사용자들은 인스타그램 앱이 이렇게 말을 거는 것처럼 느끼게 됩니다. '너는 이런 것도 없니?'

이와 같은 현상을 심리학에서는 '사회적 비교'라고 불러요. 사람은 다른 사람과 자신을 비교하는 경향을 가지고 있으며, 자신이 남보다 떨어진다는 인상을 받으면 불안해집니다. 그런데 인스타그램은 이러한 불안감을 한층 높입니다. 스마트폰 화면에 다른 사람들의 마른 몸매가 계속 뜨면서 '사회적 비교'의 효과가 더해지니까요.

이러한 사회에서는 신체를 관리하지 못하는 사람을 자기조절 능력이 없다고 비난하는 분위기가 강화됩니다. 이것을 '건강의 개인적 책임 담론'이라고 불러요. 표현이 조금 복잡할 뿐 의미는 간단해요. '건강관리는 모두 개인의 책임'이라는 말입니다.

누군가 알코올중독인 사람을 보고 의지력 부족이라고 말했다고 칩시다. 또는 누군가 큰 교통사고를 당했을 때 사고를 당한 사람이 조심성이 없어서 그랬다고 말해요. 이런 이야기는 모두 건강의 개인적 책임 담론인 거예요. 인스타그램이 신체 외형과 체중의 문제를 개인적 책임으로 만드는 데 활용되고 있다고 할 수 있지요. '이렇게 날씬하고 멋진 몸을 가진 사람들이 있는데, 너는 뭐니?'라고 묻는 것 같은 효과를 불러일으키니까요.

인스타그램을 포함해 다수의 SNS가 지닌 문제는 사용자들이 계속 스스로에게 부정적 질문을 하게 만든다는 데에 있어요. '나에겐 왜 이런 게 없을까', '나는 왜 나를 관리하지 못할까' 하는 질문이 꼬리를 물지요. 이런 질문에 좋은 답이란 없고, 질문할수록 우리 마음에 자신을 향한 혹독한 비난만 남깁니다. 이런 비난이 당연하다는 듯 사람들 사이를 떠돌지만, 신체 외형에 대한 상당히 왜곡된 생각과 연결되어 있다는 점에서 해결책이 필요합니다.

남들의 눈치에서 벗어나
'나'를 존중하기

이런 외부 시선을 기준으로 삼아 비교하고 눈치를 보는 현실을 저는 '응시의 문제'로 바라봅니다. 응시란 무엇일까요? 인간은 항상 무언가를 보고 있는 존재라고들 합니다. 눈을 뜨면 당연히 무언가를 보고, 눈을 감아도 우리 마음은 계속 무언가를 향하고 있다는 말이기도 하지요. 이것이 꼭 시각적 정보를 의미하지는 않습니다. 워낙 인간에게 '봄'이 중요하기 때문에 항상 '본다'라고 말하는 것일 뿐이에요. 내가 매 순간 무언가를 본다는 사실은 남이 나를 본다는 상황 역시 받아들이도록 합니다.

잘 알겠지만, 우리는 늘 다른 사람들이 보고 있음을 가정하며 살고 있어요. 많은 사람 속에 둘러싸여 있을 때는 물론이고, 사람이 아무도 없는 곳에서도 남의 눈길을 생각하며 살아가게 되지요. 아무도 없을 때 이상한 일을 하는 경우도 있지 않느냐고 물을 수 있지만, 그 일이 이상하다고 생각하는 것 자체가 타인이 볼 수도 있음을 가정하는 것이니까요.

이것이 응시입니다. 내가 언제나 무언가를 보고 있으며, 언제나 다른 사람들의 시선과 기준에 노출되고 있음을 가정한다는 것. 응시는 내가 무언가를 보는 특정한 방식을 가리키기도 하고, 나에게 계속 영향을 미치는 외부의 시선을 의미하기도 합니다. 그리고 이 두 가지는 각각 SNS와 눈치의 문제로 연결되지요.

SNS는 거울과 같은 역할을 해요. 내 모습을 비추어 보여 주지요. 하지만 있는 그대로를 보여 주는 거울과 달리, SNS가 보여 주는 내 모습은 다른 사람들의 모습, 기준, 시선으로 재단되고 변형된 모습입니다. 또한 주변의 눈치는 벗어 버릴 수 없는 외부의 압력을 우리 마음에 심어 놓지요. 앞서 살핀 것처럼, 우리의 신체를 향한 응시가 가정하는 '정상'의 모습, 즉 마르고 날씬한 동시에 근육이 붙은 몸은 사실 상당히 왜곡되어 있습니다. 그것은 생물학적으로도 결코 건강하지 않다는 점에서, 삶을 망가뜨린다는 점에서 비정상적입니다.

이런 점을 지적한다고 하여 응시의 문제가 갑자기 바뀌지는 않을 거예요. 알았다고 해서 내 안에 있는 외부의 시선과 기준이 갑자기 사라지는 것도 아니고요. 하지만 이렇게 분석하는 것은 적어도 두 가지의 효과를 가집니다.

첫째, 내게 주어진 부적절한 응시를 이해할 수 있습니다. 부정적 영향을 바로 벗어나진 못한다 해도 이 자체로 의미가 있어요. 내가 나를 왜 이렇게 바라보는지, 왜 남의 시선에 이토록 신경 쓰는지 이해하는 것은 다르게 접근하기 위한 출발점이니까요.

둘째, 이런 응시가 가져오는 문제를 확인하고, 변화를 요구할 수 있습니다. SNS의 문제점을 인식하면 특정 SNS가 사회적 비교를 강화해 사람들에게 불안을 불러일으키는 것, 일부 사람들이 건강관리와 생활습관을 전부 개인의 책임으로만 돌리는 것이 잘못이라고 말할 수 있게 됩니다. 눈치가 우리 삶을 얽어맬 때 그것이 과도한 참견이라고 나 자신에게 말해 줄 수 있고, 조금 더 용기 내서 타인에게 말할 수도 있지요.

마른 몸매가 되고 싶은 마음
아래에 있는 것

저는 일에 치여 때로 식사를 놓치기도 하고, 점심은 최대한 간단한 것으로 해결하곤 합니다. 하지만 해야 할 일이 너무 많아서이지, 살을 빼기 위한 목적으로 식사량을 조절하는 것은 아니에요. 의사로서 그런 방식이 그다지 효과적이지 않다고 생각하기 때문입니다. 체중조절에는 더 좋은 방법이 여럿 있고, 그런 방법은 보통 신체의 성장과 변화가 모두 끝난 성인기에 잘 활용할 수 있어요.

물론 청소년기에도 비만이 심해 관절에 무리가 간다거나 당뇨 증세를 보이는 경우가 있어요. 여성 청소년이 그럴 경우 성조숙증의 위험에 노출되기도 하지요. 이때는 체중조절을 할 필요가 있습니다. 하지만 그렇더라도 마냥 굶기보다는 병·의원의 도움을 받아 접근하는 게 좋다고 생각해요. 신체의 여러 변화를 살펴보면서 조절하는 것과 마냥 굶는 것에는 체중감량을 비롯해 몸무게나 건강 유지에 상당한 결과 차이가 있거든요.

다이어트를 위해 식사량을 줄이거나 굶어도 되는지에 대해 생각해 보기로 해 놓고, '몸 이미지'만 한참 이야기했는데요. 굶는 것 자체보다 중요한 문제가 있다고 생각하기 때문이에요. 음식을 먹는 것에 강한 거부감이나 두려움을 느끼는 증상을 거식증이라고 하지요. 이로 인해 고통받는 분들이 많고요. 거식증은 심각한 질병이에요. 하지만 여기에서는 질병의 경우를 이야기하기보다 '왜 우리는 굶고자 하는가?'라는 질문을 던지고 여러분과 함께 이에 대한 근본 원인을 살펴보고 싶었어요.

사실 이 이야기들은 제 이야기이기도 합니다. 대학교 졸업하고 다음 해에 병원에서 인턴 생활을 하면서 굶고 운동해서 20킬로 정도 감량을 했거든요. '왜 그렇게 살을 뺐을까?' 하고 돌이

켜 생각해 보면 결국 남이 나를 바라보는 시선과 기준 때문이었어요. 그러한 외부 시선으로 내 몸을 바라보고 비교했지요. 그런 응시의 눈 때문에, 오랫동안 스스로를 너무 싫어했습니다.

하지만 이 부정적 감정이 살을 뺀다고 해결되지는 않았어요. 당시 저에게 몸의 형태나 몸무게는 중요한 일이 아니었는데, 그것에 문제의 원인을 돌렸던 건 아닌지 생각해 봅니다. 이렇게 말할 수 있는 것은 내 모습이 '이렇다', '저렇다'라는, 나 자신이 가졌던 기준이 사실 아무런 근거 없이 외부에서 설정된 것이었음을 이제야 알게 되었기 때문이겠지요. 물론 굶는 것, 마른 모습을 추구하는 것은 각자의 자유입니다. 하지만 그 전에 왜 그 모습이어야 하는지를 먼저 생각해 보면 좋겠어요.

아픔에도
우선순위가 있을까?

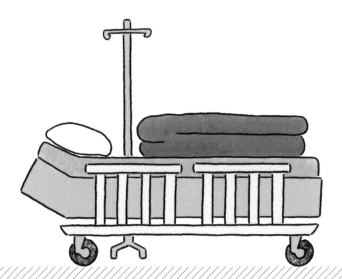

코로나19 발병 초기에 유럽이나 미국에서는 코로나 환자가 밀려들어 입원할 자리도 없었대요. 그 얘기를 들었을 때는 '얼마나 환자가 많으면 그럴까' 싶었어요. 그런데 2021년 말에 우리나라에서도 비슷한 상황이 벌어졌잖아요. 코로나19 확진 환자가 걷잡을 수 없이 늘어나자 중환자실이 부족할 정도였다는 뉴스를 봤어요. 증상이 있어 병원에 가도 이미 입원한 환자가 퇴원해 병상이 날 때까지 기다릴 수밖에 없었고, 결국 입원하지 못하고 돌아가신 경우도 있었다던데요. 우리나라에서 이런 일이 생길 줄은 상상도 하지 못했어요. 코로나바이러스 감염증은 갑작스럽게 발병해 전 세계로 확산되었으니 어쩔 수 없는 일이었다고 생각해 봐도 걱정이 앞서요. 언젠가 제가 병에 걸렸는데 비슷한 이유로 치료받지 못하면 어떡하죠?

왜 의료자원을
나누어 써야 할까?

안타깝지만 이런 일은 코로나19 때문에 생긴 것도, 매우 드문 일도 아니랍니다. 우리가 살면서 필요로 하는 자원은 모든 사람이 넉넉하게 누릴 수 있을 만큼 충분하지 않아요. 이런 상황을 일컬어 '중간 정도의 결핍상태'라고 부르기도 합니다. 물론 현대 산업 사회는 엄청난 생산량을 자랑하고, 엄청난 양의 쓰레기를 만들어 내고 있지요. 하지만 한편에선 여전히 많은 사람이 필요한 것을 누리지 못하고 있어요. 누군가는 먹을 것을, 누군가는 입을 것을 얻지 못하기도 합니다. 한정된 물자의 공급 방식을 잘 조정한다면 모두가 최소한의 수준을 누리도록 할 수 있을 거예요.

그런데 의학 쪽 상황은 조금 다릅니다. 의료자원, 즉 의료서비스, 재료, 약품, 병실과 같은 것은 모두가 원하는 만큼 누리기가 어렵거든요. 일단 의료인의 수가 부족합니다. 의사와 간호사는 사람들이 필요한 만큼 막 늘릴 수 있는 직종이 아니에요. 의료 전문직의 경우엔 높은 수준의 지식과 기술을 지니고 있음을 확인하고, 그 상태를 유지할 수 있도록 하는 제도적 장치를 갖출 필요가 있지요. 정치적 변화나 전쟁 같은 역사에서 볼 수 있는 것처럼, 의료인의 수가 갑자기 늘어나거나 기존 의료인이 다수 이탈하면 이들의 수준을 관리하는 일이 무척 어려워집니다. 낮아진 의료인의 수준은 결국 나쁜 치료로 이어지지요.

병실도 마찬가지입니다. 예컨대, 코로나19 상황이 아니라면 감염병 환자를 위한 설비나 병실을 유지하는 것은 낭비일 거예요. 반대로 코로나19 바이러스 확산으로 인해 감염병 병실이 부족할 때 기존에 사용하던 일반 병실을 갑자기 감염병 병실로 전환하는 것은 어려운 일입니다.

약품이나 재료도 마찬가지예요. 대부분의 약품이나 재료는 국내에서 모두 다 생산할 수 없어 많은 양을 수입하고 있는데요. 나라마다 경제 수준이나 의료제도가 차이가 있다 보니 파는 쪽과 사는 쪽이 원하는 가격에 상당한 차이가 발생합니다. 더구나 보통 이런 약품과 재료를 개발하고 판매하는 것은 고소득 국가들이에요. 이들이 연구개발비와 회사의 이익을 충당하기 위해 책정하는 가격은 저소득 국가로선 감당하기 어려운 경우가 많지요.

이런 상황을 모두 고려할 때, 의료자원은 다른 자원과 달리 늘 '심각한 정도의 결핍상태'에 처해 있습니다. 중환자실에 입실하지 못한 사례는 이런 상황이 우리 눈에 드러난 경우일 뿐이지요. 이렇다 보니 '의료자원을 어떻게 나누어 써야 하는가?'라는 주제가 오랫동안 논의의 대상이 되어 왔습니다. 의료경영학은 의료자원의 효율적 활용을 고민해 왔고요. 윤리학에선 의료정의론이라는 분야가 생긴 이유가 되기도 했어요.

　자원은 효율적으로 활용하기도 해야 하지만, 공정하게 활용하기도 해야 하지요. 매우 희귀한 자원이라면 누구에게 얼마만큼, 어떤 순서로 돌아가야 하는가에 관한 고민도 필요합니다. 모두가 가지고 싶어 하는 대상이 한 개밖에 없다면, 누가 이것을 가져갈지 생각해 봐야 하니까요.

　보통 물건은 돈을 주고 사는 식으로 해결합니다만, 건강이나 생명도 그럴까요? 그렇게 해도 될까요? 부자만 병원에 입원할 수 있고, 가난한 사람은 약을 먹지도 못하는 것이 당연한 세상이라면, 저는 그 세상은 불의하다고, 시정이 필요하다고 말할 겁니다. 이런 문제를 가장 극명하게 보여 주는 의료 영역으로 장기이식이 있습니다.

의료자원이 공정하지 않게 나뉜다면

　우리 몸은 뇌, 심장, 폐, 간, 신장 등 여러 장기로 이루어져 있어요. 이런 장기 중 하나 또는 그 이상이 망가지면 몸은 이전처럼 기능하지 못하고, 결국 죽음에 이르게 됩니다. 심장이 제대로 뛰지 못하면 혈액을 몸 구석구석까지 보내지 못할 것이고, 간이 기능을 하지 못하면 몸에 필요한 여러 물질을 만들어 내지 못할 것이며, 신장이 기능을 하지 못하면 혈액에 쌓이는 노폐물을 걸러 내지 못하겠지요.

　이렇게 중요 장기가 더는 기능하지 못하는 환자에게는 장기이식을 합니다. 문제는 장기이식을 받아야 하는 환자는 많은데, 장기를 기증하는 사람은 많지 않다는 거예요. 더구나 장기는 나누어 쓸 수도 없잖아요. 그러니 수의 부족이 극명하게 드러나지요.

　2021년 우리나라에서는 4만 2,281명이 장기이식을 기다렸습니다. 한 해 장기이식이 이루어지는 숫자는 1,834건입니다.[1] 이 중에서도 상당수는 가족에게 신장을 이식해 주는 경우였어요. 장기이식을 택하는 뇌사자는 매우 적은데요. 2020년에는 478명이었습니다.

예를 들어 이야기해 볼게요. 400명의 뇌사자가 장기기증을 선택했고 4만 명이 장기이식을 기다린다고 해 봅시다. 100명 중 한 명만이 장기이식을 받을 수 있습니다. 이들 중 누구에게 우선권을 주어야 할까요? 아직 앞날이 창창한 사업가? 사회에 많은 공헌을 한 정치인? 대가족을 이루고 있어 돌아가시면 많은 사람이 슬퍼할 노인? 아니면, 부자나 유명한 사람?

마지막 부류에 속하는 사람으로 우리 삶을 혁신적으로 바꾼 IT 기업가 스티브 잡스가 있습니다. 그는 2004년 췌장암 진단을 받았고, 2009년 간이식을 받았습니다. 간이식 순서는 환자의 현재 상태에 대한 점수를 계산해 상태가 나쁜 환자부터 이식을 받도록 정하고 있는데요. 미국은 각 주마다 이식 대기자 목록을 별도로 운영하고 있어요. 이식 가능한 장기가 등록되면 가능한 한 빨리 환자에게 이식해야 하니까요.

잡스가 거주하던 캘리포니아주에는 간이식을 기다리는 환자가 많았어요. 잡스는 빨리 간이식을 받기 위해 다른 주 대기목록에 이름을 올리는 편법을 씁니다.[2] 그가 이런 정보를 알 수 있을 만큼 사회적 지위가 높고, 언제든 비행기를 띄워 다른 주로 이동할 수 있을 만큼 부유했기에 가능한 일이었지요.

우리는 이런 일을 부정의하다고 여깁니다. 공정하지 않았으니까요. 가난한 자든 부자든, 유명인이건 아니건 모든 사람에게 목숨은 하나이기에, 누군가 돈이나 명성과 같이 우연히 얻은 것을 이용해 다른 이보다 먼저 제 목숨을 살리는 일은 옳지 않다고 생각하는 것이지요. 여기에서 한 가지 사실을 알 수 있습니다. 모두가 자기 차례를 기다릴 땐 순서를 어떻게 정할지, 그 결정을 어떻게 시행할지가 중요하다는 것을요. 응급실에선 더 아픈 환자를 먼저 치료하는 것이 차례 결정의 방법입니다. 장기이식의 경우도 마찬가지고요.

한편, 일반적으로 병실 같은 경우엔 먼저 들어온 사람이 우선권을 받게 되지요. 지금 입원해 있는 사람에게 나가라고 말하기는 도의적으로도, 제도적으로도 어렵기 때문입니다. '가장 효율적으로' 배정하면 되지 않겠냐고 생각할 수 있지만, 의료에서 효율을 따지기 어려운 것은 모든 것이 매우 부족하기 때문이에요. 열 명이 기다린다고 장기를 열 개로 쪼개어 이식할 수 없습니다. 세 명이 기다린다고 침대 하나에 세 명이 누울 수 없지요.

우리나라는 국민건강보험공단을 통해 의료 공급에서 효율성을 추구했지만, 이런 접근은 때로 모든 사람을 실망시키는 결과를 가져오곤 합니다. 2021년 말, 코로나19 위중증 환자가 급증하는 가운데 중환자실이 모자랐던 것이 그런 경우였지요.

두 환자 중
먼저 입원시킬 사람은?

2021년 11월, 보건당국은 경제 상황을 고려하고 확진자가 늘어나는 추세가 어느 정도 정체기에 들었다고 판단해 '위드 코로나' 정책 1단계를 시행합니다. 단계적으로 규제를 완화해 일상을 회복하고자 했지요. 당시 보건당국은 백신을 2회 접종 받으면 충분하다고 판단했어요. 위드 코로나 정책은 백신접종 완료자가 전 국민 대비 70%를 넘었다는 자신감의 표현이기도 했고, 환자 수가 늘어나도 충분히 관리할 수 있으리라는 예상도 작용했지요. 그러나 정책 시행 한 달 뒤 여러 문제가 발생하면서 우리는 이 결정이 섣불렀음을 깨닫게 되었습니다. 무엇보다 위중증 환자를 관리할 중환자실 침상의 수가 모자랐어요.

코로나19 환자는 발열, 콧물, 기침, 인후통 등과 같은 감기 증상을 겪는데 그 정도가 심각하며, 위중증 환자의 경우 호흡곤란에 빠지기도 합니다. 염증으로 폐가 제 기능을 못해 숨을 쉬어도 혈액으로 산소 공급이 되질 않고 결국 사망에 이르는 것인데요. 이러한 상태의 환자는 중환자실에서 관리합니다. 환자의 상태에 즉각적으로 적절히 대처해야 하기 때문이지요. 사망을 완전히 막을 수는 없더라도, 이렇게 관리해서 상태가 호전되는 경우가 꽤 있어요.

2021년 12월, 위중증 환자 수가 1,000명이 넘어가자 당국은 위드 코로나 정책을 중단합니다. 이때 코로나19 중환자 병상 가동률은 80%가 넘었고, 지역에 따라 100%, 즉 빈 병상 없이 만실을 기록한 곳도 있었어요.

문제는, 중환자의 수를 관리할 다른 방법이 없었다는 것입니다. 이미 입원해 있는 사람을 강제로 내보낼 수도 없으니까요. 만약 퇴원시켰다가 환자 상태가 악화하면 그동안 들였던 노력이 물거품이 되므로 오히려 자원을 낭비하는 셈이 되니까요. 간단히 말해, 중환자실 침대는 최대의 효율을 위해 다른 환자와 함께 사용할 수 있는 자원이 아니라는 것이지요. 다행히 정책적 노력과 병실에서 의료진의 사투가 이어지며 2021년 말의 위기 상황은 지나갔고 위중증 환자의 수는 200명대로 안정되었습니다.

2022년에 들어서자 오미크론 변이가 퍼지며 전례 없는 속도로 확진자 수가 늘어났습니다. 많은 이들이 위중증 환자의 수가 다시 늘어날 것을 염려했고요. 오미크론 변이의 증상과 위력이 말 그대로 '약해서' 확진자의 수만 늘고 위중증 환자의 수는 늘지 않으면 좋았겠지만, 기대는 배신당했어요. 2021년 말의 상황과 정도의 차이는 있었으나 중환자실 병상은 또다시 모자랐습니다. 결국 어떤 노인은 입원하지 못한 채 14시간 동안 구급차를 타고 이 병원, 저 병원 사이를 오가다가 돌아가셨지요.

이미 입원 가능한 중환자실 병상이 다 찼는데, 새로운 코로나19 위중증 환자가 생기면 이 환자는 앞 사람들보다 늦었으니 무조건 치료를 받을 수 없는 걸까요? 중환자실이 한 자리 비어 있는데, 위중증 환자가 두 명 발생하면 두 환자 중 누구를 입실시켜야 하는 걸까요?

환자의 치료가 목적이므로 제일 아픈 환자부터 돌보는 것이 맞을 거예요. '중환자실의 집중 관리'는 희귀 자원이기에 덜 아픈 사람에게는 그 필요성이 낮기 때문이지요. 하지만 아픔의 정도를 점수로 매겨 줄 세우기는 어렵기에 어느 정도의 범위만 설정하게 됩니다. 제일 아픈(시급한) 사람, 중간 정도인 사람, 덜 급한 사람… 이런 식으로요.

그렇다면 같은 범위 안에 있는 사람들끼리 우선권을 따져야 한다면요? 치료가 시급한 사람들 중에서도 누구를 먼저 치료해야 할까요? 저는 삶의 기회를 고려해서 우선권을 부여해야 한다는 견해를 지지합니다. 우리는 모두 태어나서 죽을 때까지 삶이라는 궤적을 그리는 기회를 누리지요. 어떤 사람은 이 기회를 거의 다 사용했을 것이고, 어떤 사람은 아직 그 기회를 누려 보지 못했을 거예요.

고령 환자와 청소년 환자를 비교해 봅시다. 고령 환자는 이미 삶의 여러 기회를 누려 본 반면 청소년 환자는 아직 그 기회를 경험해 보지 못했다고 말할 수 있지요. 삶의 기회를 고려한다면 두 환자 중 아직 기회를 누리지 못한 청소년 환자에게 치료받을 우선권을 주자는 거예요.

평균 생존 수명과 환자가 치료받을 경우 더 살 것으로 기대되는 햇수를 비교해 치료 후 더 오래 살게 되리라 예측되는 쪽을 선택하는 방식도 있는데요. 저는 여기에 찬성하지 않아요. 이것은 자원 사용의 효율성을 따지는 것이자 노인 차별이라고 말할 수 있는 접근이기 때문입니다. 또 이런 방식은 노인만이 아니라 만성질환자, 장애인 등을 차별하는 근거가 될 수 있어요.

다만 인생의 단계, 그러니까 아동기, 청소년기, 청년기, 성인기와 같은 시기에서 각 사람이 누릴 것으로 기대되는 삶의 기회를 생각해 볼 수 있을 겁니다. 우리는 삶의 기회가 평등하게 돌아가는 것이 공정하다고 믿습니다. 그렇다면 의료자원과 의료 시스템 또한 그 기회를 평등하게 누릴 수 있도록 작동해야 하지 않을까요?

의료자원 분배를 위한 토론은
계속되어야 한다

　의료 수준이 발달하면서 의료자원 분배 문제가 더욱 중요해지고 있어요. 국내에서는 물론 국가 간 분배 문제도 있지요. 1990년대 말, 에이즈 치료제를 둘러싸고 국가 간 논쟁이 벌어졌습니다. 에이즈를 완전히 없앨 수는 없지만, 계속 복용하면 상태가 악화하는 것을 막고 다른 사람을 감염시키지 않을 수 있는 약이 개발되었거든요.

　문제는 이 약이 선진국의 제약회사에서 개발되었다는 점이었죠. 따라서 해당 선진국에선 이 약을 복용하는 것이 어려운 일이 아니었습니다. 그런데 제약회사는 같은 가격으로 다른 나라에도 이 약을 팔았어요. 경제 규모에서 큰 차이가 나는 개발도상국에서 이 약을 구하기란 하늘의 별 따기와 같은 일이었지요.

　더구나 에이즈 환자가 많은 아프리카 지역 국가의 주민들은 값이 너무 비싸 치료제를 사 먹을 수 없었어요. 그러자 국가마다 다른 가격으로 치료제를 팔아야 한다고 주장하는 사람들이 나왔어요. 이러한 의견 대립은 코로나19 백신을 놓고도 불거졌습니다.

우리나라는 그동안 자원 문제를 심각하게 생각하지 않았어요. 국민건강보험공단이 이런 문제를 잘 처리할 수 있으리라고 믿었고, 실제로도 지금까지는 큰 문제 없이 진행이 되었거든요. 그러나 국민건강보험공단은 의료서비스를 낮은 가격으로 제공하기 위해 공급 가격을 억제하는 정책을 펴 왔습니다. 의료진에게 주어지는 치료비는 적었고, 치료 재료의 값을 올리는 것도 억제했어요.

지금은 이런 방식에도 슬슬 한계가 나타나고 있습니다. 병원을 운영하려면 이런저런 비용이 필요하기 마련인데 적은 치료비를 받고 진료하다 보니 의사들은 최대한 짧은 시간에 많은 환자를 보아야 했고, 한국 의료는 '3분 진료'라는 악명을 얻었지요. 또, 우리는 되도록 적은 비용을 들여 약품이나 의료 재료를 사 오고 싶어 하고 외국 제약회사는 그보다 높은 값을 받고 싶어 하니 협상이 결렬되어 약품이나 의료 재료의 공급이 중단되는 사태가 해마다 벌어지고 있어요.

모든 사람이 저렴한 가격에 원하는 의료의 혜택을 누리는 것은 환상이에요. 물론 꿈을 품는 것은 언제나 필요하지만 현실의 문제를 마주할 때 눈을 감아선 안 됩니다. 과학과 공학이 발전하면서 의료 또한 그 발전 속도를 계속 높이고 있어요. 인공지능의 응용이나 VR, 메타버스, 3D 스캐너와 프린터, 로봇 같은 영역만 보아도 그렇지요. 이런 기술이 의료에 반영되면 더 좋은 결과를 낳겠지만, 그만큼 의료에 들어가는 자원은 더 비싸지고 희귀해질 거예요.

쿠바와 같은 국가는 의료인의 수를 늘려 이들이 지역사회의 의료 필요를 감당하게 했습니다. 많은 환자가 쉽게 의료인의 도움을 받을 수 있도록 한 것인데요. 그러나 이런 국가에선 옛날의 치료 방식을 유지하는 경우가 많아 값비싼 신약이나 치료 재료 사용이 쉽지 않아요. 치료 방법이 있음에도 비용 때문에 적용할 수 없으니 의료진은 환자들에게 외국에 가서 치료받기를 권하게 되겠지요. 저는 이것이 좋은 선택은 아니라고 생각합니다. 결국 의료는 언제나 자원의 부족 속에서 우리에게 선택을 강요할 거예요. 그때 지혜로운 선택을 내리는 것이 우리 인간의 몫이겠지요.

물론 이런 상황을 개인의 힘으로 바꾸기는 쉽지 않아요. 국가 제도의 문제고, 더 넓게는 전 세계적 체제에서 결정되는 일이기도 하기 때문입니다. 그러나 우리가 이런 자원 분배 문제의 방향성을 함께 논의하지 않는다면, 불공정하거나 납득할 수 없는 결정 방식을 그저 따를 수밖에 없습니다. 앞으로 어떤 방향이 더 좋을지를 함께 결정하기 위해서라도, 우리는 분배 결정에서 어떤 원칙과 가치를 우선할지 토론해야 해요.

유튜브에 의료광고가 나와도
괜찮은 걸까?

저는 궁금한 게 있으면 유튜브에 들어가요. 사고 싶은 스마트폰이라든지 가고 싶은 유명한 음식점 같은 것을 검색하기 편해서요. 얼마 전에는 안경을 새로 맞추고 싶어서 안경 브랜드를 유튜브에서 찾아봤거든요? 그런데 그 후부터 갑자기 추천 동영상에 라식수술 후기나 병원 추천 영상이 엄청나게 뜨는 거예요. 안과나 성형외과 전문 병원 광고도 자주 나오고요. 문득 이런 의료광고가 나와도 되는 건지 궁금하더라고요. 텔레비전에서는 의료광고를 본 기억이 없는 것 같거든요. 유튜브는 '내돈내산'이라면서 자기 돈으로 직접 산 물건이나 음식, 경험의 후기를 올리기도 하잖아요. 가게나 기업에서 후원을 받은 경우에는 이를 꼭 명시하고요. 하지만 '뒷광고'처럼 돈을 받고 몰래 홍보해 주는 경우도 있다고 들었어요. 사람들이 진짜 수술 후기인 줄 알고 봤는데 광고인 거라면, 광고가 사람들을 속이는 것 아닌가요? 수술을 꼭 광고해야 하는지도 궁금해요. 치료가 필요한 사람들은 병원에 가서 설명을 들을 텐데, 광고는 안 해도 되지 않나요?

의료광고는 좋은 걸까,
나쁜 걸까?

　우리가 접하는 영상에 누군가가 먹는 음식이나 입는 옷, 가본 장소 등이 등장하면 광고인 것 같기도 하고 아닌 것 같기도 하지요. 어떤 사람이 직접 구매하거나 경험한 것인 줄 알았는데 알고 보니 광고인 경우도 많고요. 이러한 광고의 영역이 예전에는 음식이나 일상에서 많이 사용하는 물건에 그쳤다면, 최근 들어서는 병원과 같이 의료의 영역까지 퍼진 것 같아요.

　수술이나 약품, 특정 의료인, 병원 등을 내용으로 하는 의료광고가 필요한지에 대해서는 오랫동안 찬반 논의가 있었어요. 이건 '광고가 사회에 도움이 되는가?' 하는 내용과도 연결되어 있지만, 현대 소비사회에서 광고를 차단하는 것은 불가능한 일이지요. 또 광고의 좋은 점도 있기에 광고 자체가 문제라고 말하는 사람은 별로 없습니다. 하지만 의료광고는 특별한 영역이라고 볼 수 있는데요. 일단 의료광고 찬성 측과 반대 측의 주장을 살펴보는 것으로 시작해 보죠.

찬성하는 쪽의 핵심 근거는 '정보 획득의 권리'예요. 여러 노력이 이루어지고 있지만, 의학·의료 정보는 여전히 누구나 쉽게 알기 어려운 내용인 것이 사실이지요. 의료에 관한 정보가 더 폭넓게 사람들에게 알려지면 사람들은 그것을 바탕으로 질병을 인식하고 치료를 위해 노력할 수 있게 됩니다.

가수 카일리 미노그의 사례를 들어 설명해 볼게요. 호주 출신의 팝스타 카일리 미노그는 2005년 세계 투어를 앞두고 유방암 진단을 받게 됩니다. 결국 공연을 취소하고 치료에 전념하기로 했지요. 그러자 팬들이 그를 향한 응원과 지지의 표시로 이미 구매한 공연표의 환불을 요구하지 않아 화제가 되기도 했어요. 이렇게 유명 가수의 투병 소식이 알려지자, 사람들이 유방암에 관심을 보이게 되었습니다. 인터넷에 유방암을 검색해 알아보는 사람들이 늘어났을 정도예요. 그 덕분에 유방암 조기진단을 받고자 병원을 찾는 여성이 급증했고, 유방암에 대한 인식 개선에도 큰 도움이 되었습니다.

의료광고를 찬성하는 사람들은, 카일리 미노그의 사례처럼 의료광고도 긍정적 기능을 한다고 주장해요. 사람들에게 질병에 대해 알린다는 거지요. 우울증 치료제나 자궁경부암 백신 광고는 우울증이나 자궁경부암 자체에 대한 인식을 개선하는 효과가 있었어요. 그전까지 사람들은 여러 이유로 두 질병에 대해 대화하는 것을 피했거든요.

물론 우울증을 마음의 감기라고 알리거나 자궁경부암의 위험성을 경고하는 전략도 활용할 수 있지만, 사람들의 주목을 끌기는 쉽지 않으니까요. 광고는 기본적으로 사람들의 이목을 끌고 강한 인상을 남기는 것을 목적으로 제작됩니다. 그래서 질병에 대한 인식을 개선하는 데 보다 효과적이고 긍정적인 영향을 미칠 수 있다고 해요.

또한 찬성 측은 수술이나 치료에 관한 홍보가 사람들의 의료 서비스 선택권을 강화하는 효과가 있다고 말합니다. 질병을 치료하고자 할 때 나에게 어떤 선택권이 있는지 모른 채로 의료인을 만나면, 의료인이 권하는 대로 따라갈 수밖에 없잖아요. 하지만 광고는 어떤 치료법이나 약품이 있는지 알려주는 역할을 하기에, 사람들이 의료인을 만날 때 더 많은 내용을 알고 대화를 나눌 수 있습니다. 의료인의 말이나 주장에 일방적으로 끌려가지 않고 보다 다양한 가능성에 관해 이야기 나눌 수 있게 된다는 거예요. 선택지가 없다고 생각하는 것과 선택할 수 있는 부분이 있다고 생각하는 것은 대화의 태도를 완전히 바꾸는 효과가 있거든요.

이렇게 보면 의료광고는 좋은 것, 꼭 필요한 것으로 느껴져요.

하지만 반대하는 측은 광고의 특성을 문제로 봅니다. 광고는 보통 물건이나 서비스를 팔기 위해서 만들잖아요. 브랜드를 선전할 때도 있지만, 그 또한 브랜드 인지도를 높여 접근성을 향상시킴으로써 제품 및 서비스 판매를 늘리기 위한 노력이에요. 그렇다면 의료광고도 마찬가지로 물건이나 서비스를 팔기 위해서 만들겠지요. 예를 들면 어떤 병에 이 약이 잘 든다거나, 광고에 등장하는 의사가 특정 질병을 잘 치료한다는 식으로요. 문제는 '의료서비스를 많이 팔아야 하는가?'라는 질문 자체에 있어요.

의료서비스에는 그 자체로 특이한 성질이 있습니다. 아주 단순하게 말하면, 의료 시장이 큰 나라는 불행하다고 할 수 있어요. 질병을 앓는 사람들이 많아서 치료를 많이 받아야 한다는 이야기거나, 치료비가 비싸서 사람들이 번 돈을 질병 치료에 다 들인다는 이야기일 테니까요. 하지만 이게 논지의 전부가 아닐 수도 있습니다. 우리가 이용하는 의료서비스 중에는 꼭 필요하지 않은 것들이 많이 있으니까요.

MRI 검사를 예로 들어 볼게요. MRI 검사는 뼈만 보여 주는 CT 검사와 달리 내부 장기를 다 볼 수 있게 해 줍니다. 그래서 몸 안에 이상이 있는지 정밀하게 검사하는 데 큰 도움을 주지요. 어떤 의사가 MRI 촬영을 환자에게 권하고 환자가 동의했다고 생각해 볼까요? 검사 결과 어떤 질병이 발견되면 이 촬영은 유용한 것이지만, 아무런 질병도 나타나지 않으면 괜히 찍어 본 것일 수도 있게 됩니다.

촬영 비용이 저렴하다면 상관없겠지만, MRI 기기는 매우 값비싸고 운영비도 많이 들어서 큰 비용을 내야 해요. 현재 우리나라에서는 MRI 촬영에도 보험이 적용되어 촬영 비용이 많이 낮아졌지요. 이전에는 촬영 비용이 많이 드니, 의사들도 꼭 필요한 경우가 아니면 MRI 촬영을 환자에게 권하는 것이 부담스러운 일이었습니다. 그러나 보험 적용이 되면서 환자 동의를 얻기가 쉬워졌기에, 의사로서도 웬만하면 일단 찍어 보는 것이 서로의 마음을 편하게 만드는 일이 됩니다. 혹시라도 안 찍었다가 작은 이상이라도 놓치면 왜 촬영하지 않았느냐는 비난부터 해서 심지어 의료 소송까지 감수해야 하니까요.

그러다 보니 MRI 촬영 건수가 증가합니다. 촬영할 때마다 인건비와 장비 사용료가 지출되어야 하고, 이 비용은 환자가 일부 부담하기는 하나 국민건강보험공단에서 주로 지출되지요. 그런데 공단이 운용하는 보험 재정은 정해져 있어요. 따라서 특정 진료 행위로 인한 진료비가 갑자기 증가하면 재정적자 상태에 빠질 수 있고, 이 적자를 피하려면 다른 치료를 하지 못하게 막아야 합니다. 보험 재정이 악화하면 다른 중증환자에게 필요한 의약품이나 치료를 제공하기 어려워질 수 있다는 것이죠.

이런 맥락에서 의료광고의 부정적 영향을 우려하는 이들은 의료서비스 확장이 가져올 부작용을 지적합니다. 의료자원은 희소하기에 가능하면 아껴 쓸 필요가 있다는 말이지요. 의료광고는 이 전제를 고려하지 않습니다. 사람들에게 약품을 사고 치료를 받으라고 권하는 거니까요. 애초에 그런 권유는 무의미한 것이거나 심지어 부당한 것일 수도 있지요. 광고를 보지 않아도 어차피 병원에 가면 필요한 내용과 치료 방법은 다 설명해 줄 것이기 때문입니다.

의료광고 찬반 논의는 같은 지점을 다르게 바라보고 있어요. 찬성 쪽은 개인의 선택권 확대가 좋은 일이라 생각하고, 반대편은 개인의 선택권 확대가 문제라고 생각하지요. 사실 양쪽 주장이 모두 타당합니다. 다만 '선택권'을 다르게 이해하고 있을 뿐이에요. 이제 이런 상반된 견해 앞에서 우리나라는 제도적으로 어떤 입장을 취하고 있는지 살펴봅시다.

한국의
의료광고 기준

우리나라는 예전부터 의료광고에 대해 부정적 견해를 가지고 있었어요. 1951년 의료에 관한 내용을 규제하는 〈국민의료법〉이 만들어졌는데요. 전문의가 자기가 진료하는 과목을 간판에 표시하는 것 외의 다른 모든 의료광고는 금지하는 내용이 들어갔습니다. 이렇게 법이 허용하는 내용을 규정하는 것을 '포지티브(positive) 방식'이라고 불러요.

시간이 지나고 법이 여러 번 개정되면서 의료광고 허용 범위가 조금씩 늘어나게 되었고, 2003년에는 인터넷 홈페이지를 통해 진료 정보를 알리는 것이 일반화되기에 이릅니다. 2007년에도 의료법이 개정되었는데요. 원칙적으로는 의료광고를 허용하되, 금지하는 경우를 따로 정해 법에 설명해 두었습니다. 이러한 방식을 '네거티브(negative) 방식'이라고 해요. 여전히 의료광고의 범위는 제한되어 있었고, 광고를 하고자 할 때에는 어떤 내용을 담고 있는지 미리 국가기관인 보건복지부에 제출해 검토와 승인을 받아야만 광고를 내보낼 수 있었어요.

이후 이 조항에 대해 위헌 소송이 제기되었어요. 헌법은 '표현의 자유'와 '직업 수행의 자유'를 보장하고 있거든요. 표현의 자유란 사람들이 자신의 생각을 발표할 자유가 있다는 것을 뜻합니다. 직업 수행의 자유는 어떤 직업에서 필요한 조건을 규정하는 것은 잘못임을 의미하지요.

소송의 기본 전제는 기존 의료광고에 대한 규제가 헌법이 보장하는 이 두 가지 자유를 침해한다는 것이었어요. 국가기관이 광고를 규제하면 의료광고를 통해 의료인이 자기 생각을 발표하는 것을 가로막는 데다, 직업을 수행함에 있어 특정 조건을 국가가 설정하는 것이라는 주장이었어요. 헌법재판소는 재판에서 사전검열 금지의 원칙을 꺼내 듭니다. 행정기관이 개인의 표현을 미리 제한하면 안 된다는 이 원칙을 적용해 의료광고 규제 법안은 2015년에 위헌판결을 받게 되었어요.

그 후 몇 년 동안, 의료광고의 춘추전국시대라고 부를 만한 시기가 찾아옵니다. 할인, 시술 효과 등을 부풀려 광고하는 과대광고와 심지어 없는 내용을 꾸며 낸 허위광고가 난무하면서 부작용이 생겼어요. 대표적 사례가 2018년에 문제가 된 '투명치과 사태'입니다.

투명치과는 투명한 교정장치를 활용해 환자를 치료하는 것을 대대적으로 내세운 곳이었어요. 투명 교정장치는 치아에 끼웠을 때 눈에 잘 띄지 않는 교정 기구였지요. 투명치과는 인터넷과 SNS를 통해 엄청난 할인율을 광고했고, 환자 수가 순식간에 늘어났어요. 이렇다 보니, 감당이 되지 않는 수의 환자를 관리해야 하는 상황에 놓였습니다. 게다가 터무니없는 진료비 할인으로 적자가 생겼는데, 이를 메꾸기 위해서는 신규 환자를 계속해서 모집해야 했지요. 결국 치과가 정상 운영을 못하게 되면서 많은 환자가 피해를 입었습니다.

결국 2018년에 의료법이 일부 개정되어 의료광고를 다시 심의하게 되었어요. 대신 이전처럼 보건복지부가 아닌 의사협회, 치과의사협회, 한의사협회가 각각 의료광고 심의를 맡는 것으로 정책을 수정합니다. 어쨌든 다시 네거티브 방식의 규제가 도입된 것이지요. 의료광고는 의료기관을 만든 사람이나 의료인만 할 수 있기 때문에 의료인들의 모임인 의사협회가 심의하는 것은 적절한 판단이라 여겨졌습니다. 2020년에는 보건복지부와 세 협회가 함께 의료광고 가이드라인을 책의 형태로 발간해 불법 의료광고의 유형을 제시하기도 했어요.

이런 역사적 과정을 통해 의료광고는 일반인 또는 환자의 선택권과 밀접한 관련이 있으며 광고 자체는 허용될 필요가 있다는 결론에 도달했음을 확인할 수 있습니다. 하지만 환자가 접하는 의료광고가 적절한지, 타당한 내용을 담고 있는지 확인하기가 무척 어렵다는 문제는 남지요. 게다가 무분별한 광고는 전체 의료 비용을 증가시키기 때문에 의료인 또한 피해를 입게 됩니다. 그래서 의료광고를 규제하는 것 역시 일견 타당하다는 생각이 들지요.

치료 경험담의 영향에 대해
고민한다는 것

우리나라의 의료광고 규제의 역사는 그리 길지 않은 시간 동안 너무도 빠르게 변화해 왔습니다. 결론부터 말하자면, 현재 유튜브나 SNS를 통한 의료광고는 가능합니다. 단, 심의를 통과해야 하고 의료광고임을 명시해야 해요. 특히 이런 경우 별도의 로그인이 필요하지 않고 누구나 콘텐츠를 접할 수 있는 온라인 공간에 실리는 의료광고이므로, 다른 광고와 달리 더 세부적인 검토가 필요해요.

유튜브를 자주 찾는 여러분들은 이제 이런 걱정이 들지도 모르겠어요. '그럼 유튜브에 올라온 수술이나 진료 후기는 모두 과장광고이거나 허위광고일까?' 이 부분은 해석의 여지가 있습니다. 분명한 건 광고임을 밝히지 않은 채 시술법을 홍보하거나 특정 의료기관으로 유도할 목적으로 만들어진 유튜브 영상은 불법이라는 사실이지요. 이를 가리키는 신조어가 바로 '뒷광고'입니다. 이러한 광고는 명백히 시청자와 소비자를 속이려는 목적이 있기에 잘못을 저지를 경우 그저 사과문을 게시하고 끝날 일이 아닙니다.

그렇기에 여러분도 의료광고에 대해 알고 또 생각해 봐야 해요. SNS 후기가 서비스 구매를 결정하는 중요한 요인이 되는 사회잖아요. 배달 앱도 별점과 후기를 다는 방식으로 음식점을 평가하고요. 그로 인해 생기는 문제도 다양합니다.

의료기관에서도 앱이나 사이트에 좋은 평이나 후기를 남겨 달라고 요청하는 경우가 드물지만 있습니다. 그러한 치료 경험담은 의료광고일 수도, 아닐 수도 있어요. 하지만 이런 게시물이나 영상은 사람들에게 상당한 영향을 끼칠 수 있습니다. 의료광고의 규제 대상이 의료인과 광고 제작자에 그치지 않고 점차 그 범위를 넓힐 수밖에 없는 이유가 여기에 있어요.

꼭 광고 영상이나 글이 아니더라도 내가 남긴 치료 경험담이 다른 환자들의 병원 선택에 큰 영향을 끼치는 세상이에요. 그러므로 온라인 의료광고의 허용 여부보다 내가 나의 치료 경험담을 어떻게 활용할지, 그리고 타인은 그 행위를 어떻게 받아들일지를 생각해 보는 것이 더 중요해요. 이전처럼 다 법으로 규제할 수는 없는 세상이니까 각자가 옳고 그름을 깊이 생각해 봐야 하고요. 어떻게 하면 더 좋은 방식으로 의료광고와 치료에 대해 정보를 나눌 수 있을지 고민이 필요한 때입니다.

헬스 앱에 저장된

내 데이터는 어디로 갈까?

요샌 건강에 도움이 되는 스마트폰 앱이 엄청 많이 생겼어요. 헬스 앱이라고 부르더라고요. 저도 관심이 많아서 핸드폰에서도 써 보고, 부모님이 사 준 스마트워치도 꼭 차고 다니면서 심박수, 걸음 수 같은 걸 챙기곤 해요. 병원에 가지 않아도 이런 걸 알 수 있어서 참 좋다고 생각하는데요. 문득 '여기 기록된 데이터는 어떻게 되는 걸까?'하는 생각이 들었어요. 제가 어디에 가고 어떤 운동을 하는지, 키와 몸무게는 얼마인지, 어떤 병이 있고 어떤 문제에 관심 있는지와 같은 내용은 다 제 개인정보잖아요. 이런 개인정보가 기업의 이익 추구에 활용될 가능성이 높고, 사생활 노출의 위험도 있다는 말을 들은 적이 있어요. 건강과 관련한 데이터를 모으는 이런 앱이나 워치를 써도 문제가 없는 걸까요?

나의 데이터가 모여
디지털 버전의 내가 만들어진다

데이터 활용에 대해 고민하고 있는군요. 일상에서 쓰이는 '데이터'라는 단어에는 다양한 의미가 있는데요. 사연자가 말하는 데이터란 어떤 측정값이나 수집한 기록이자 그것을 가공, 분석해 얻은 결과를 의미합니다. 지금은 참 많은 것이 데이터로 남는 시대예요. 인터넷에서 클릭 한 번 한 정보까지 다 기록에 남아 저장되니까요.

그래서 우리는 두려워합니다. 나의 데이터가 악용되거나 내가 알리고 싶지 않은 정보들이 남에게 공개되는 일을, 인터넷이나 SNS에 익명으로 올린 나의 비밀이 누군가에게 알려지는 일을요. 내가 원치 않았는데도 내 데이터가 온라인에서 공개되는 건 당연히 큰 문제예요.

우리는 인터넷이나 스마트폰으로 서비스를 이용할 때 별생각 없이 '사용 동의' 버튼을 누르곤 합니다. 그런데 동의를 구하는 기업은 무엇을 어떻게 사용하겠다는 것일까요? 관련 약관을 상세히 살펴본 사람이라면 알겠지만, 이때의 사용 동의란 대부분 우리가 온라인에서 활동하면서 발생하는 데이터를 기업에서 습득, 저장, 분석할 테니 이에 동의해 달라는 의미예요.

기업은 서비스 사용자가 어떤 링크를 누르는지, 접속한 시간은 언제고 장소는 어디인지, 특정 페이지를 얼마나 오래 보는지 등과 같은 데이터를 모으고, 이런 자료를 통해 사용자를 추측합니다. 구글이나 페이스북처럼 사용자의 구체적 삶이나 활동에 관한 전체 정보를 얻으려 하는 경우도 있고, 특정 영역에 해당하는 정보만 얻고자 하는 서비스도 있어요.

이렇게 얻은 정보는 인터넷 공간에서 '나'의 모습을 만들어 내는 기초자료로 활용됩니다. 이런 결과물을 통해 나의 디지털 버전이 생겨나요. 이것을 '디지털 미(digital me)'라고 부르지요. 디지털 미를 기준으로 기업은 광고나 서비스를 추천합니다. 기업은 이를 통해 결국 수익을 얻게 되고요.

인터넷에서 여러 서비스를 사용할 때 비용을 내지 않으면 공짜라고 생각할 수도 있지만, 실은 내 정보를 팔아서 서비스를 구입하는 것과 다름없습니다. 그 사실을 제대로 인지하고 이용한다면 크게 문제 삼을 부분은 아닐 수도 있어요. 하지만 그러한 정보 또한 개인정보인 것은 분명합니다. 건강 관련 서비스에선 이런 점이 더 두드러집니다. 예를 들어, 생활습관을 분석해 숙면을 도와주는 서비스 앱이 있습니다. 이 앱은 내가 이동하고 앉고 눕는 등의 생활습관 데이터를 수집하겠지요. 그렇게 모은 데이터를 통해 나의 행동 특성을 분석합니다.

물론 나는 분석 결과로 숙면에 대한 조언을 받으므로, 이 과정은 결과적으로 나에게 도움이 될 거예요. 하지만 기업이 행동 자료를 통해 구축한 디지털 미는 당연히 내 개인정보입니다. 내 사진이나 음성, 글 등 우리가 당연히 개인정보라고 생각하는 것에 더해서요. 여기서 궁금해집니다. 이렇게 만들어진 디지털 미를 기업이 마음대로 활용해도 되는 걸까요?

데이터를 통해
이득을 얻는 미래

우리 사회는 이제 데이터경제 사회로 들어섰다고 말하곤 해요. 데이터경제란, 경제활동에서 데이터를 본격적으로 활용하는 것을 의미합니다. 기업들은 기존의 산업을 발전시키고 확장하기 위해 데이터를 수집하고 교환하지요. 이때 활용되는 데이터는 기업에 관한 것도 있지만, 위에서 말한 '나'의 데이터, 즉 디지털 미가 중요해요.

기업들이 데이터에 기반을 두어 서비스를 개선하거나 새로운 서비스를 만들어 내는 것은 이런 디지털 미를 분석한 결과물을 활용하는 것입니다. 따라서 데이터경제에서 성공한다는 것은 적은 비용으로 데이터를 확보해 그로부터 최대한의 가치를 뽑아 낸다는 의미지요. 사회가 이미 이런 방향으로 나아가고 있기에 "데이터는 안 쓸 거야"라고 말할 수는 없을 테고요. 기업 측에선 최대한 많은 사람의 디지털 데이터를 저렴하고 쉽게 얻어 내길 원할 것입니다.

그런데 이런 데이터를 확보하는 것이 그렇게 쉬운 일은 아니에요. 이미 많은 사람이 사용하는 서비스를 운영하고 있는 기업이면 데이터 확보가 어렵지 않을 겁니다. 하지만 이제 막 사업을 시작했거나 새로운 영역에 뛰어드는 기업은 관련 데이터가 없어 난관에 부딪히겠지요. 여기에서 데이터를 구매하려는 수요가 발생합니다.

쉽게 설명해 볼까요? 어떤 기업이 건강 관리 앱을 만들고 싶어 합니다. 이 앱은 사용자가 앱에 현재 상태를 입력하면 운동, 식이조절, 병원 방문 등 적당한 활동을 추천하려고 해요. 그렇다면 사전 자료가 필요하겠지요. 기존의 환자 정보를 분석한 자료가 있어야 이에 기반해 새로운 환자에게 맞는 활동이 무엇인지 알 수 있기 때문입니다. 기업은 서비스를 개발하기 위해 데이터를 확보해야 합니다. 어떤 사람이 어떤 상태에 있을 때 어떤 행동을 하는 것이 도움이 되었다는 데이터를요. 이런 데이터는 보통 병원에 있을 거예요.

기업은 병원에 데이터를 요청할 것입니다. "혹시 환자와 치료 관련 자료들을 얻을 수 있을까요?" 하고요. 이때 병원이 환자 개인을 특정할 수 있는 내용, 예컨대 주민등록번호나 집 주소, 전화번호 같은 것을 치료 자료와 함께 기업에 전달한다면 어떨까요? 모든 사람이 당연히 그건 문제라고 생각할 거예요. "제 치료 결과를 병원이 아닌 다른 사람이 보다니요!" 하면서요.

그런데 쉽게 대답하기 어려운 질문도 있습니다. 나를 특정할 수 없는 데이터를 전달하는 것도 문제일까요? '나'라는 것을 알 수 없는 자료, 이를테면 키와 체중, 혈액검사 결과 같은 것 말이지요. 이런 자료들은 숫자일 뿐이니, 여기에 이름표나 환자 번호가 붙어 있지 않다면 누군가 이 데이터를 가지고는 나를 찾아낼 수 없습니다.

이런 데이터는 넘겨주거나 팔아도 된다고 말하는 사람도 있을 거예요. 워낙 기술이 발달했기 때문에 식별 위험, 즉 데이터를 통해 나를 찾아낼 가능성이 전혀 없다고 확신하기는 어렵습니다. 하지만 이런 가능성을 최대한 낮추거나 없앤다고 할 때,

또는 악용했을 때 강하게 처벌한다고 하면 어떨까요? 이러한 조건일 때 많은 사람이 개인과 연결고리를 제거한 데이터는 원칙적으로 판매될 수 있어야 한다고 생각합니다. 사실 이게 데이터 경제의 전제이기도 하고요.

다시 디지털 미의 기업 활용에 대한 질문으로 돌아가 봅시다. 위의 내용에 따른다면 식별 자료를 제거한 경우 기업은 데이터를 활용할 수 있고 다른 기업과 공유하는 것도 가능할 거예요. 이렇게 하는 것은 기업의 수익만을 위한 것은 아니지요. 이런 데이터 활용을 통해 더 좋은 앱이나 서비스가 개발되면 사람들에게도 유익할 테니까요. 건강 앱이 수집한 사람들의 건강 상태 자료가 신약 제조나 치료 관련 서비스 개발을 위해 제공되는 거지요.

자료 덕분에 치료약을 개발하고 병을 예방하는 생활습관을 제안하는 또 다른 서비스가 생겨난다면 결과적으로 우리 모두의 건강이 좋아지는 미래가 올 수도 있지요. 하지만 여전히 문제는 남아 있어요. 이런 데이터는 애초 나로부터 나온 내 것이었는데, 그것을 팔고 분석해서 다른 사람이나 기업이 이득을 얻기 때문입니다.

내 건강 데이터에 관한
나의 권리

    1951년, 헨리에타 랙스라는 여성은 31세의 나이로 가족을 남겨 둔 채 자궁경부암으로 사망했어요. 그런데 랙스의 암 조직에서 채취한 암세포는 그의 사망 이후에도 계속 실험실에 살아남습니다. 연구자들은 실험을 통해 이 암세포가 영양만 공급하면 무한 증식된다는 사실을 발견합니다. 이를 통해 인간의 세포를 배양하는 데 성공하지요.

    헨리에타 랙스의 암세포는 최초로 배양에 성공했으며, 빠른 분열 속도로 증식한 덕분에 이후 전 세계의 실험실로 퍼져 나가 수많은 실험에 활용되었습니다. 이 세포는 헨리에타 랙스의 이름을 따 헬라(HeLa) 세포라고 불렸지요. 헬라 세포는 과학 발전에 엄청난 기여를 했고, 헬라 세포 연구 결과를 통해 큰 성취와 이득을 얻은 연구자나 기업도 많았어요.

    그런데 문제가 있었습니다. 헨리에타 랙스를 비롯해 그의 가족은 암세포가 채취되었다는 사실을 전혀 몰랐어요. 헨리에타 랙스의 세포가 실험실에 아직도 남아 있으며, 전 세계로 널리 퍼졌고, 누군가는 그것을 통해 이득을 얻었다는 사실도요. 이에 관심을 가진 작가 레베카 스클루트는 진실을 밝히기 위해 수집할 수 있는 자료를 전부 모으고 랙스의 가족과 친척, 지인, 연구에 관련된 사람 등을 추적합니다. 특히 랙스의 가족에게 이 사실을 설명하려고 엄청난 노력을 기울였어요. 헬라 세포가 활용된 지 50년에 가까운 시간이 흐른 뒤라 가족들도 랙스의 암세포가 연구에 활용되었다는 상황을 듣긴 했거든요.

하지만 누구도 제대로 설명해 주지 않았기에 가족은 큰 상처를 입은 상태였어요. 스클루트가 가족을 처음 찾아갔을 때도 매우 적대적인 태도를 보였지요. 스클루트의 노력 덕분에 다행히 가족들도 정확한 상황을 알게 되었습니다. 10년에 걸쳐 헬라세포에 대한 진실을 추적한 스클루트는 이 내용을 담은 책《헨리에타 랙스의 불멸의 삶》[1]을 출판하고, 이 사실을 전 세계에 알렸어요.

이쯤에서 궁금해집니다. 헬라 세포로 많은 이득을 취한 기업이나 연구실은 가족에게 세포 사용료를 지불해야 할까요? 헨리에타 랙스가 사망하지 않았다면, 랙스의 세포를 돈을 주고 구입해야 했을까요? 여기서 문제가 생겨요. 만약 세포 값을 지불하는 것이 맞는 처사라면 우리 몸을 사고팔 수 있다는 이야기가 되니까요.

생각해 보세요. 장기를 사고팔 수 있다면 사람들은 돈을 벌기 위해 다른 사람을 납치하거나, 돈이 없으면 자기 몸을 팔기도 하지 않을까요? 안타깝지만 이런 일이 실제로 벌어지고 있으며, 우리는 이것을 끔찍한 범죄로 규정하고 있습니다. 따라서 세포 사용료를 가족에게 지불하는 일은 현실화되기 어렵다고 생각합니다. 그렇다고 해서 헬라 세포와 랙스 가족이 무관하다고 생각하기도 어렵지요. 헬라 세포는 누군가의 딸이자 아내, 어머니의 몸 일부였으니까요.

이런 상황은 어떻게 해결하면 좋을까요? 랙스 가족이 헬라 세포 사용과 관련된 중요한 결정에서 힘을 발휘할 수 있도록 하는 방법이 있을 거예요. 경제적 소유권과는 별도로, 윤리적·법적 소유권을 부여하는 겁니다. 헬라 세포는 팔 수 있는 물건은 아니지만, 그 가족에게 속한다는 것이지요.

저는 몸의 일부분과 우리의 몸에서 나온 데이터는 같은 선상에 놓고 보아야 한다고 생각해요. 세포와 측정값이 어떻게 같냐고 질문하는 사람도 있을 텐데요. 저도 둘이 똑같다고 말하는 것은 아니에요. 단지 모두 우리 몸에서 나온 것이니 사고팔 수 없는 대상으로 보아야 한다는 말입니다. 내가 나의 건강 관련 데이터를 판매하는 것에 문제가 있다고 보는 것이지요.

판매하면 안 된다고 해서 건강 관련 데이터를 전달할 수 없다거나, 앞서 살핀 것처럼 다른 기업이 획득한 데이터를 마음대로 활용할 때 개입해선 안 된다는 것도 아니에요. 데이터를 제공한 개인이 그 활용에 대한 통제력을 지닐 수 있어야 한다는 말이지요. 기업이나 정부의 데이터 활용 결정에 대해 발언권과 결정권을 지닐 수 있어야 해요.

기업이 데이터를 활용하는 데이터경제에서는 다음 두 가지 조건이 전제되어야 합니다.

첫째, 내 데이터를 안전하게 관리할 것을 기업에 요구할 수 있어야 해요. 아무나 데이터에 접속해 내 정보를 악용하면 안 되니까요.

둘째, 내 데이터를 기업에 직접 판매하거나 사용료를 받을 수는 없다고 해도, 그 활용 방식을 우리가 결정할 수 있어야 해요. 현재 법적·사회적 제도는 데이터를 보호하는 내용은 어느 정도 다루고 있지만 활용에 관한 사항에서는 아직 갈 길이 먼 상태거든요.

청소년인 지금은 데이터의 활용에 직접 참여할 나이는 아니라고 생각할 수 있어요. 하지만 청소년에게도 아주 먼 이야기만은 아닙니다. 어쩌면 지금 여러분의 데이터도 이미 여러 방면에서 활용되고 있을지 모르고요. 여러분이 성인이 되었을 때는 '데이터 활용'이 더욱더 피부로 와 닿는 문제가 되리라고 생각해요. 그렇다면 데이터 활용 문제를 어떻게 받아들여야 할지 한발 앞서 고민해 보고, 데이터 권리는 어디까지라고 생각하는지 친구들과 토론해 보면 어떨까요? 함께 이 문제에 대해 목소리를 높이는 것도 좋겠지요.

장애는 치료해야 하는 것
아닌가?

얼마 전에 미국 아카데미 시상식에 참여한 윤여정 배우의 영상을 봤어요. 영화 〈코다〉에 출연한 트로이 코처가 남우조연상 수상자가 되었고, 윤여정 배우가 트로피를 전하면서 수어로 "아이 러브 유"라고 말하는 모습이 인상적이었어요. 무대에 오른 트로이 코처 배우도 수어로 수상 소감을 전하더라고요. 찾아보니 그는 청각장애인이었는데요. 그가 출연한 영화의 제목인 '코다'(CODA, Children of Deaf Adults)가 농인 부모 사이에서 태어난 청인 자녀를 뜻하는 말이라는 것도 알게 됐어요. 〈코다〉는 소리를 들을 수 없는 가족의 귀와 입이 되어 세상과 연결해 주는 코다 자녀의 이야기를 다루고 있다는데요. 문득 궁금해졌어요. 농인은 유전될 확률이 있잖아요. 농인 부부는 임신이나 출산을 앞두고 고민하지 않을까요? 저는 비장애인이고 주변에 농인 부모를 둔 친구나 농인 친구도 없어서 평소 '장애'에 대해 깊이 생각해 보지 못했어요. 그래서 막연히 장애는 치료하기 위해 노력해야 하는 것이라고 받아들였던 것 같아요. 장애를 어떻게 바라보는 것이 맞는 걸까요?

장애를 어떻게
바라보아야 할까?

오랫동안 우리는 질병과 장애를 '나쁜 것'이라고 생각해 왔어요. 질병에 걸려서는 안 되고, 장애는 질병이 계속 이어지는 상태라고 여긴 것이지요. 더구나 질병이나 장애는 인간의 '완벽한 상태'를 저해하는 부정적 요인으로 인식되어 왔습니다. 완벽한 인간은 '뛰어난 신체적·정신적 기능을 지니고 있으며 외적으로도 흠이 없는 서구 귀족 남성'이라는 관념이 그리스 시대 이후에도 계속 이어진 거예요.

이 기준에 미치지 못하는 사람들, 즉 어린이, 여성, 장애인 등은 사회에서 '열등한' 인간으로 취급을 받았습니다. 장애인의 경우 타인의 도움이 필요한 부족한 사람으로만 대하거나, 신체가 열등하기에 다른 부분에서 '재능'이라는 신의 축복을 받은 자로 여기기도 했습니다.

근대까지만 해도 장애를 치료할 방법이 없었어요. 사회는 오랫동안 장애인을 짐처럼 취급해 왔습니다. 이후 현대 의학이 발달하고 기술을 통해 신체 기능을 보완할 방법이 생긴 다음에도 이런 생각은 쉽게 변하지 않았어요. 치료와 보조가 필요하다는 이유로 여전히 장애인을 사회의 부담으로 여기는 사람들이 많습니다. 장애는 치료의 대상이며, 장애인은 자기 상태를 치료하기 위해 최대한 노력해야 하는 사람으로 이해하지요. 하지만 정말 그럴까요?

장애 운동가 빅 핀켈스타인은 우리에게 하나의 마을을 상상해 보라고 요청합니다. 이 마을에 사는 사람은 모두 휠체어를 타고 있어요. 마을의 모든 시설도 휠체어를 탄 사람에 맞추어져 있습니다. 건물과 버스의 천장도, 책상의 높이나 위치도, 심지어 문의 크기도 모두 휠체어에 맞게 설정되어 있기에 천장은 낮고 문은 작으며 책상은 높습니다. 모두 휠체어에 앉아 있으니 의자는 필요 없겠지요.

이 마을에 휠체어를 타지 않는 사람이 방문합니다. 이 사람은 어디에 가나 불편할 거예요. 건물 안에 있을 때는 머리를 숙이고 있어야 하고, 문으로 들어가려면 잔뜩 웅크려야 합니다. 테이블은 너무 높고 의자를 구하려면 한참을 돌아다녀야 하지요. 매번 불편을 겪는 이 사람에게 다른 이들이 동정심을 표하며 묻습니다. "자네도 휠체어를 타는 게 어떤가? 불편해서 어떻게 사는

지 원." 누군가는 이렇게 주장합니다. "휠체어를 타지 않는 저 사람을 치료해 줘야 하니 빨리 다리를 부러뜨리든지 해야 해"라고 말입니다.

핀켈스타인은 바로 이 상황이 장애인의 일상이라고 말합니다. 장애인이 겪는 불편은 장애 그 자체로 인한 것이 아니라 비장애인에 맞춰 설계된 환경과 사회 때문이라는 거예요. 장애인의 이동 경로와 방식을 고려하지 않은 지하철 때문에 장애인이 지하철을 이용할 수 없다면, 문제는 지하철역의 설계나 탑승 방식에 있지 장애인에게 있지 않다는 것이지요.

이런 생각을 조금 더 확장하면 '장애'는 사회가 만드는 것이라는 주장도 가능합니다. 개인의 활동 방식과 가능성을 고려해 생활환경이나 정책을 설계한다면 장애인도 아무런 문제 없이 서비스나 시설을 이용할 수 있을 것이기 때문입니다. 거꾸로 장애가 발생하는 이유는 사회가 어떤 사람을 고려하지 않은 채 시설의 이용 방식이나 서비스 방법을 결정했기 때문이라는 생각도 충분히 타당하게 다가오지요. 장애를 이런 방식으로 이해하는 것을 '장애의 사회적 모형'이라고 불러요. 이 맥락에서 장애를 해결하려면 사회구조가 변화해야 합니다.

반대로 '장애의 의료적 모형'도 있습니다. 장애를 이해하는 이전의 방식, 즉 장애는 개인의 신체나 정신에 뿌리박혀 있는 것이고, 그것은 치료해야 할 대상이라고 바라보는 것을 뜻하지요. 이런 관점에서는 의학을 통한 치료로만 장애 문제의 해결에 접근합니다.

사회구조의 변화든 의학을 통한 치료든 간에 결국 '장애'와 연결된 문제를 해결하려는 것이니 다를 게 없다고 생각할 수도 있어요. 하지만 그 변화의 대상이 한쪽은 장애인이 속한 사회, 다른 한쪽은 장애인 당사자라는 데에 차이가 있지요. '장애', 즉 장애인이 겪는 생활의 불편함을 해결하는 것이 전부라면, 어느 쪽이 변하든 상관없을 거예요. 하지만 문제가 있습니다. 장애인이 치료를 원치 않는다면 어떻게 해야 할까요?

장애는
나쁜 것일까?

귀가 들리지 않는 농인으로서의 삶이 귀가 들리는 청인의 삶보다 더 행복하다고 느끼는 사람이 있습니다. 농인 공동체에서 누리는 관계와 경험에서 충분히 만족감을 느끼기 때문에 장애의 호전이나 완치가 가능하다 해도 굳이 귀를 치료받고 싶어 하지 않을 수 있지요. 자신의 자녀가 행복했으면 하는 마음에, 자신과 같은 공동체에 속하길 바라며 자녀 또한 농인이기를 기대하는 경우도 있습니다.

장애를 치료의 대상으로 여기는 관점에서는 이것이 이해가 안 될뿐더러 잘못된 태도라고 여겨집니다. '아니, 치료받을 수 있는데 왜 치료를 안 받아? 자녀도 귀가 안 들리기를 바란다고? 말도 안 돼!' 하고 생각할 수 있지요. 하지만 이런 생각을 다른 시선에서 자세히 살펴볼 필요도 있어요.

왜 '말도 안 돼'라고 생각하는 걸까요? 사실 이런 의문 자체가 문제입니다. 행복하게 살고 있다는 사람에게 "너는 행복하지 않은 삶을 살고 있으니 빨리 벗어나"라고 말하는 셈이기 때문입니다. 아무리 행복하다고 말해도 "그럴 리가 없어요. 당신은 장애 때문에 행복한 삶을 살 수 없어요"라고 말하는 것과 다름없지요. 그동안 장애라는 조건이 역사적·문화적으로 가치 절하되어 왔기에 장애를 향한 부정적 시선이 당연하다고 생각하는 겁니다.

가치 절하란 어떤 대상이 지닌 가치를 깎아내리는 것을 말해요. 한국 사회는 장애를 향한 가치 절하가 심한 곳 중 하나입니다. 저는 장애를 대하는 이러한 태도와 관념이 우리나라의 역사적 배경과도 연결되어 있다고 생각하는데요. 6·25전쟁이 남긴 상처 속에서 산업화 시기를 거치며 치열한 경쟁에서 살아남으려면 빠르게 성장해야 한다는 생각이 우선시되고, 다른 사람까지 돌보고 돌아보다 보면 뒤처지고 말 거라는 두려움이 사회적 분위기로 자리 잡게 되었다는 것이지요. 전쟁 후 아무것도 남지 않은 땅에서 70년 만에 세계 선진국으로 진입하기 위해 다른 사회적 가치는 무시해 왔다고 말할 수 있어요.

이렇듯 장애를 향한 가치 절하가 있으므로 장애를 가치 있게 여기는 방식이 문제의 중요한 해결책으로 작동할 수 있습니다. '실제로' 장애인의 삶이 무가치하기 때문에 문제가 발생하는 것이 아니라, 우리 사회가 장애인의 삶을 무가치하게 생각하기 때문에 문제가 발생하는 것이라면 더더욱 그렇겠지요. 이렇게 장애인이 삶에서 추구하는 가치를 드러내고 장애의 특성과 의미에 주목해 장애인의 권리를 주장하는 운동을 '장애인권운동'이라고 부릅니다.

좋은 삶이란
무엇일까?

장애인의 삶이 그 자체로 가치 있다는 주장은 그 삶이 좋은 삶임을 인정합니다. 그런데 좋은 삶, 행복한 삶이란 무엇일까요? 원하는 것을 마음대로 누리는 삶을 머릿속에 제일 먼저 떠올리는 사람이 많을 거예요. 돈이 엄청 많아 마음껏 쓰면서 사는 삶 말입니다. 하지만 그런 부유한 삶 자체가 곧 행복인 것은 아니라고 말하는 사람들도 많습니다. 경제학에서 이야기하는 '한계효용체감의 법칙'을 예로 들어 설명해 볼게요. 이 법칙은 우리가 어떤 물질적인 것을 누리고 또 누릴 때마다, 그로부터 얻는 기쁨이 줄어든다고 말합니다.

한동안 물을 마시지 못해 목이 너무 마르다고 생각해 봅시다. 그런데 눈앞에 탄산음료 캔이 수북이 쌓여 있어요. 한 캔 마실 땐 갈증이 해소되면서 시원할 겁니다. 음료의 단맛과 톡 쏘는 탄산이 주는 만족감을 한껏 느끼겠지요. 그런데 한 캔, 그다음 한 캔을 더 마십니다. 처음에 목이 마를 때 탄산음료를 마셨던 것과 비교한다면, 한 캔씩 더 마실 때마다 그 즐거움과 만족감이 감소할 거예요. 이 법칙에 따르면 돈이 엄청나게 많다고 해서 내 행복도 그만큼 비례해 증가하는 것은 아니라고 생각해 볼 수 있지요.

그렇다면 좋은 삶, 행복한 삶의 조건에는 무엇 무엇이 있을까요? 행복을 연구하는 학문인 긍정심리학에서는 자신이 좋아하는 일을 하고 다른 사람들과 안정적 관계를 누리는 것이 행복에 큰 영향을 끼친다고 말합니다. 이런 관점에서 보자면, 물론 장애로 인한 신체적 불편을 사소하게 여겨서는 안 되겠지만 누군가 장애를 가졌다고 해서 행복하지 못하다고 단정 짓는 것은 잘 못된 일입니다. 장애가 있어도 얼마든지 좋아하는 일을 하고 가족, 친구, 직장, 사회 등 다양한 사람과의 관계 속에서 행복을 누릴 수 있으니까요. 그러기 위해서는 사회가 비장애인은 물론 장애인 모두가 자신이 좋아하는 일을 할 수 있는 환경을 마련해야 하고 그들의 행복을 지지해야 합니다.

저는 의사이기 때문에 치료하는 사람으로서 사고하는 것에 워낙 익숙해져 있고, 그러다 보니 이렇게 생각하는 게 쉽지는 않아요. 장애를 가진 이들을 위해 어떻게든 치료법을 찾는 것이 좋지 않을까 하는 생각을 더 하게 되지요. 하지만 의학은 만능이 아니고, 우리는 아직 치료법을 찾지 못한 수많은 질병과 장애를 마주하고 있습니다.

유전자조작과 로봇공학 등 다양한 의학·과학 기술이 발전하고 있으니 무엇이든 가능할 것 같지만, 이런 기술이 실제 질병과 장애를 치료할 때까진 또 수많은 연구와 실패의 과정이 필요합니다. 언젠가 치료될 날만을 기다리며 지금의 행복을 미룰 수도 없을 거고요. 사람들이 지금 이 순간 서로 다른 몸으로도 자신의 행복을 찾을 수 있는 사회가 '좋은 사회' 아닐까요?

지금까지 장애를 치료의 눈으로만 바라봤다면 다른 관점으로 장애를 이해하기가 어려울 수도 있습니다. 그렇기에 더욱 나의 관점이 다른 가치를 놓치고 있는 것은 아닌지, 다른 방식으로 바라보는 노력을 지속해야 해요. 잊지 말아야 할 중요한 점은 어떤 신체적·정신적 조건을 가지고 있다 해도 우리 각자는 귀한 존재이며, 우리 모두의 행복은 존중받아야 한다는 생각입니다.

양육자와 교사가 함께 읽고
한 걸음 더 나아가는

의료윤리
가이드

나도 치료를 결정하는 데
참여할 수 있을까?

우리나라에서는 청소년 신체 자기결정권을 인정하지 않다가, 2020년 1월 이를 인정하는 판결이 나오면서 점차 변화가 예고되고 있습니다. 모야모야병으로 조영술을 받은 미성년 환자에게 시술 이후 부작용이 생겼는데, 병원이 보호자에게는 관련 부작용까지 다 설명했지만 환자 본인에게는 설명하지 않았다는 이유로 설명의무(충분한 설명에 의한 동의를 환자로부터 받았음을 의미하는 의료인의 법적 의무)위반 판결을 내린 판례입니다.

게다가 2022년 코로나19 청소년 방역패스 집행정지 판결에서도 청소년 신체 자기결정권 보장이 그 이유로 제시되었습니다. 방역패스는 백신접종을 강제하는 정책인데, 이것이 청소년 신체 자기결정권을 침해하는 것이라고 법원이 확인해 준 것입니다. 2022년을 기점으로 이후에는 청소년 신체 자기결정권이 중요하게 다루어질 것이라고 보는 근거인데요.

본문에서 말씀드린 것처럼 청소년 신체 자기결정권은 치료 결정과 관련해 영향을 미칩니다. 의료인도 청소년에게 치료에 관해 충분히 설명하고 동의를 받아야 할 것으로 보이고, 보호자 또한 이런 결정에서 청소년의 의사를 중요하게 살필 필요가 있습니다. 하지만 청소년의 의사를 중요하게 살핀다는 것이 청소년이 원하는 대로 다 한다는 의미는 아니겠지요. 치료 결정에서 청소년의 선호와 가치를 반영하기 위한 고민이 필요할 텐데, 아직 우리의 의료 환경이 여기까지 준비된 상황은 아닙니다. 알다시피 우리 의료제도는 효율성을 높이느라 환자와 오래 상담하고 설명하는 상황을 조성해 주지 못하고 있어요. 여러 부분에서 큰 손질이 필요할 것으로 보입니다.

한편, 청소년 또한 그에 맞는 준비를 할 필요가 있을 겁니다. 본인이 마주할 수 있는 의료적 상황은 어떤 것이 있는지, 어떤 고민이 생기는지, 선택을 위해 어떤 것들을 따져 보아야 하는지를 미리 생각해 볼 수 있을 때, 청소년도 의료적 결정 앞에서 좋은 선택을 내리는 주체가 될 수 있으리라고 생각합니다. 이 책은 그 일을 돕기 위해 쓰였습니다. 뒤에 나오는 여러 사례를 통해 학생, 자녀와 함께 고민해 주신다면, 청소년들은 그만큼 성장하리라고 믿습니다.

중2병이라고들 하지만,
나 우울증 아닐까?

　우리나라에서 청소년 정신건강 문제는 지금보다 훨씬 더 많은 관심을 받을 필요가 있습니다. 그간 우리 사회가 정신건강 문제를 개인의 책임이나 다른 요소로 환원해 무시해 왔기 때문입니다. 본문에서 다룬 것처럼 청소년 우울증은 우리가 흔히 우울증에 부여하는 진단적 특징, 즉 의욕 상실이나 심한 우울감의 지속과는 다른 양상으로 나타날 수 있어 주의가 필요합니다.

　자녀가 정신건강의학과에 방문하고 싶다고 이야기하면 저항감을 느끼실 수 있습니다. '혹시 아이가 정신질환 진단을 받으면 어쩌지, 진단 이력 때문에 불이익을 받으면 어떻게 하지' 하고 걱정하게 되는 것은 당연합니다. 당장 저도 제 아이가 정신건강의학과에 가게 된다면 걱정이 앞설 테니까요. 이 부분은 사회적 인식도 변화해야 하지만 의료 개인정보 보호를 정부에 강하게 요구할 필요가 있습니다.

의료 개인정보를 보호해야 한다는 생각은 당연한 것처럼 보이지만, 이런 문제의식이 사회적으로 공유된 것은 생각보다 최근의 일입니다. 무엇보다 의료 개인정보와 관련한 정부의 입장은 미묘한 부분이 있습니다. 이를테면, 정부는 사회의 보호를 위해 의료 개인정보를 열람할 권한이 있습니다. 코로나19 상황에서 정부가 개인정보를 열람할 수 없다면 대응에 당장 문제가 생길 테니까요. 하지만 정부의 권한이 남용되거나 부정하게 사용되고, 공무원이 자신을 정부와 구분하지 못했던 한국의 역사적 현실 속에서 여러 문제가 발생해 왔다는 사실 역시 우리는 알고 있지요. N번방 사건 때도 개인정보 접근 권한이 없던 주민센터의 사회복무요원이 시민들의 개인정보를 유출해 관리 체계의 허술함이 수면에 드러났습니다.

우리 아이들이 필요할 때 정신건강의학과의 도움을 받기 위해선 정부의 권력에 제동을 걸 필요가 있습니다. 정부가 필요에 따라서 의료 개인정보를 열람할 수 있다고 해도 그 사용은 목적 합치적으로 이루어져야 하며 열람 허가는 특정 업무 수행자에게만 주어져야 한다는 것을 법에 명시해야 합니다.

사용의 목적 합치성이라고 하는 것은 그 목적에 맞는 방식으로만 정보가 활용되어야 한다는 의미입니다. 예컨대 감염병 예방을 위해 의료 개인정보를 열람한다면, 감염병 예방에만 그 정보가 사용되어야지 보험 정책 개발이나 건강진단 목적으로 활용되어선 안 된다는 것이지요. 더불어 열람 허가는 정당한 정보 취급권자에게만 주어져야 합니다. 데이터경제 사회로 진입하고 있는 우리에게는 데이터를 취급할 권한이 누구에게 있는지가 무척 중요합니다. 데이터가 외부로 누출될 때의 책임 소재가 분명해짐과 동시에 개인에게 윤리적·법적 책임을 지워 데이터 보호를 더 강하게 추구할 수 있기 때문입니다.

이와 관련하여, 코로나19로 드러난 것처럼 한국 사회의 질병 낙인 문제는 생각보다 심각합니다. 물론 이것이 한국 사회만의 문제는 아닙니다만, 단일민족을 강조해 왔던 역사 탓인지 6·25전쟁이 남긴 사회적 상흔 때문인지 한국에서는 자·타 구분과 대립이 더 극단적으로 나타나는 경향이 있습니다. 질병을 기준으로 하는 구분이 무척 쉽게 이루어지며, 국내의 여러 사건에서 확인할 수 있었던 것처럼 현재 별다른 치료 방법이 없는 정신질환의 경우 차별과 낙인을 형성하는 일이 훨씬 빠르게 나타납니다. 이것은 정신질환이 치료할 수 있는 것임에도 결국 정신질환의 진단 자체를 피해야 한다는 생각으로 이어지지요.

정신질환에 대한 낙인이 치료가 필요한 성인의 삶을 위협하는 것도 문제이지만, 청소년들의 삶에도 독으로 작용한다는 것을 직시할 필요가 있어 보입니다. 아이에게 정신질환이 없길 바

라며 혹시라도 발생할 가능성을 애써 부정하는 것보다 치료와
도움을 받으며 해결할 수 있는 사회로 나아가는 것이 더 낫지
않을까 조심스럽게 말씀드려 봅니다.

다양한 성과 젠더,
어떻게 대해야 할까?

　사실, 이런 주제로 아이와 터놓고 이야기를 하는 것이 한국에서는 무척 어렵습니다. 당장 남녀 차이를 이야기하는 것도 어려운 상황에서 다양한 젠더 인식을 놓고 대화하는 것은 불가능에 가까운 목표처럼 보이기도 합니다. 하지만 터부시하는 자세가 청소년들을 더 고통스럽게 만든다는 점을 인식할 필요도 있습니다. 어른은 아이의 성장과정에서 교육을 제공하고 도울 의무가 있지만, 무엇보다도 우리는 보호자니까요.

　물론, 보호라는 말을 들으면 우리는 후견주의적 선택을 떠올리게 됩니다. 아이는 자신에게 좋은 결정을 내리지 못하는 존재이므로, 어른이 대신 좋은 결정을 내려 주어야 한다는 생각이지요. 한국 사회는 여러 측면에 이런 후견주의적 사고가 많이 남아 있고, 이런 태도를 꼭 잘못이라 말해야 하는 것도 아니라고 생각합니다. 하지만 이것이 아이를 위한 좋은 결정을 내리는 것을 넘어 아이에게 고통을 준다면, 다시 생각해 볼 필요가 있습니다.

안타깝게도 이런 문제에 관해 우리 사회에서 도움을 받을 수 있는 자료나 개인, 단체가 많지 않은 것은 사실입니다. 모두 한쪽으로 치우친 이야기만 할 뿐 균형 있는 설명을 제시하는 내용을 찾기가 어렵다는 느낌을 받지요. 관련 연구나 보고서도 이런 부분에 있어 지침과 상담법을 개발해야 한다는 요청에 그치고 있고, 그것이 구체적으로 구현된 장소나 방식 등을 제시하거나 분석하지는 못하는 형편입니다. 이런 상황 자체가 이런 문제를 더 진지하게 논의해야 한다는 요청으로 다가오기도 합니다.

그래도 최근엔 좋은 책이 많이 나와 있으니, 책을 함께 읽으며 이런 상황을 같이 고민해 보면 좋겠습니다. 젠더에 관심 있는 아이와 함께 읽을 만한 책으로 김고연주의 《나의 첫 젠더 수업》이 있습니다. 트랜스젠더의 경험을 담은 책은 말랑의 《내 이름은 말랑, 나는 트랜스젠더입니다》와 샤이앤의 《내 이름은 샤이앤, 나는 트랜스젠더입니다》가 만화로 구성되어 있어 접근하기 쉬울 것 같아요. 물론 이런 책을 양육자, 교사가 먼저 읽어 본 다음에 청소년과 함께 살펴보는 게 좋겠지요. 읽으시면서 자신이 이 문제를 어떻게 생각하는지 먼저 점검해 보시기를 권합니다. 책을 읽은 소회와 자신의 생각을 솔직하게, 하지만 폭력적이거나 강압적이지는 않은지 유의하면서 드러내시는 것도 좋겠습니다. 정체성의 문제는 무엇보다 타인을 존중하는 범위 안에서 그리고 개인의 솔직한 태도에서 출발해야 한다고 저는 믿습니다.

—

김고연주, 《나의 첫 젠더 수업》, 창비, 2017
말랑, 《내 이름은 말랑, 나는 트랜스젠더입니다》, 꿈꾼문고, 2020
샤이앤, 《내 이름은 샤이앤, 나는 트랜스젠더입니다》, 꿈꾼문고, 2020

고통만 남았을 때
죽음을 선택할 수 있을까?

자녀나 학생이 안락사에 관심을 보인다고 해서 너무 두려워할 필요는 없을 것 같습니다. 이미 안락사에 관한 논의는 사회의 담론 안으로 수용되고 있는 상황이니까요. 저도 학생들을 대상으로 의료윤리 강의를 할 때 토론 주제로 활용하곤 합니다. 학생들에게 죽음의 무게를 얹으려는 것이 아니라, 안락사에 대한 논의가 한국 사회가 가리고 있던 많은 것을 드러내는 데 도움을 준다고 생각하기 때문입니다.

뒤에서 다시 다루겠지만 죽음의 의료화, 즉 모두가 병원에서 죽음을 맞게 되면서 점차 일상과 죽음이 분리되는 일이 미치는 문화적 영향 등에 대해 학생들이 더 진지하게 고민할 필요가 있습니다. 안락사에 대한 토론은 이런 지점을 정면으로 띠져 보게 하는 좋은 주제가 되지요.

그러나 아직 한국 사회에서 죽음의 정의나 안락사에 관한 심도 있는 고찰이 이루어졌다고 보기는 어렵습니다. 보호자나 교사로서 느끼는 당혹감의 정체는 여기에 있겠지요. '나도 깊이 있게 다뤄 보지 않은 주제'라는 생각 말입니다. 하지만 이미 연명의료 중단의 문제는 모든 사람의 것이 되었습니다. 말기 질환 상황에서 연명의료를 계속할지 여부를 미리 고민하는 것은 노인뿐 아니라 장년, 청년 모두에게 필요한 일이지요. 만약 연명의료에 대한 질문을 받으셨다면, 이 문제를 진지하게 따져 볼 기회로 삼아 보셔도 좋을 것 같습니다.

참고자료가 많으면 좋겠지만, 아직 한국에서 죽음을 진지하게 소개하면서도 쉽게 읽을 수 있는 책을 찾기는 어려운 것 같습니다. 셸리 케이건의 《죽음이란 무엇인가》가 떠오릅니다만, 분석철학이라는 방식으로 죽음의 문제를 살피는 책이라 '이런 사소한 문제를 따져 보는 게 죽음에 관한 논의야?' 하는 생각에 책을 덮어 버리기 쉬울 것 같습니다. 톨스토이의 《이반 일리치의 죽음》을 함께 읽으며 일리치가 삶과 죽음에 대해 가지는 태도의 변화를 출발점으로 삼아 보시면 어떨까요?

—

레프 니콜라예비치 톨스토이, 《이반 일리치의 죽음》, 이강은 옮김, 창비, 2012
셸리 케이건, 《죽음이란 무엇인가》, 박세연 옮김, 엘도라도, 2012

내 마음대로
눈이나 코를 성형해도 될까?

　우리나라는 여러 의미에서 성형 대국이라고 부를 만합니다. 그렇게 된 데에는 역사적 이유도 있고, 제도의 유인도 있었습니다. 국내에서 이루어지는 성형수술의 통계가 정확히 잡히진 않기 때문에 현재 어떤 상황이라고 딱 잘라 말하기는 어렵지만, 2013년 국제미용성형외과협회가 발간한 보고서에서 2011년 기준 한국은 인구 1만 명당 수술 건수 세계 1위를 차지했어요. 이후에 수술이 줄었으리라고 생각할 이유가 없기 때문에, 여전히 우리가 세계 정상을 유지하고 있으리라는 가정은 틀리지 않을 듯합니다.

　성형수술을 많이 받는 것 자체는 문제라고 말하기 어렵지요. 성형이 사회와 문화에서 양가적 기능을 하는 것만 봐도 그렇고요. 한편에선 성형을 받았다고 뭐라고 하면서도, 다른 편에선 '자연스러운' 성형으로 인한 아름다움을 칭찬하는 모습을 쉽게 볼 수 있습니다. 그렇기에 성형 자체가 문제라기보다는 이를 대하는 우리 사회의 방식에 문제가 있다고 생각합니다. 청소년들에게도 같은 이야기를 들려주어야 한다고 보고요. 성형을 받고 받지 않고의 문제를 떠나서, 성형을 받으려는 목적과 성형을 해야 한다고 생각했을 때 그 결정에 미치는 문화적 영향을 함께 생각해 보는 것이 중요합니다.

성형수술만 다룬 책은 아니지만, 네 연구자가 함께 쓴 《겸손한 목격자들》이라는 책을 읽어 보시면 좋겠어요. 이제는 탄탄히 자리를 잡은 과학기술학의 접근을 소개하는 책이자, 참여 관찰자의 시점에서 각 '과학' 영역이 어떻게 실행되며 그 영역을 구성하는 요소들은 무엇인지를 흥미롭게 보여 줍니다. 특히 성형에 관해 쓴 임소연 선생님은 국내에서 성형을 주제로 오랫동안 연구해 온 분이기도 하고요. 성형수술이 어떻게 이루어지는지, 그 결정 과정에서 무엇이 작동하는지를 아이들과 함께 생각해 보면 성형의 결정에 대해서도 더 좋은 판단을 내리실 수 있으리라 생각합니다.

———

김연화·성한아·임소연·장하원, 《겸손한 목격자들》, 에디토리얼, 2021

유전자가위 기술로 원하는 모습으로 태어나는 세상, 좋지 않을까?

유전자조작은 사회적 논의가 시작된 지 꽤 오래되었음에도 불구하고 아직까지 첨예한 대립이 있는 영역입니다. 줄리언 사블레스쿠와 같은 공리주의 철학자는 유전자조작이 인류의 보편 이득에 이바지할 것이라고 믿으며 이 기술의 발달을 낙관하고 있습니다. 공동체주의 철학자인 마이클 샌델은 유전자조작이 사회에서 노력과 도전의 가치를 격하시킬 것이라고 지적하며, 질병 치료에만 엄격하게 사용되어야 한다고 선을 긋지요. 신학 쪽에선 신의 영역에 손을 대는 일이라며 강하게 반발하곤 합니다.

여기에서 어느 쪽의 손을 들어 주기는 어려울 것 같습니다. 저 또한 이 문제에 대해 오랫동안 고민해 왔고 의사 입장에서 질병 치료에는 당연히 쓰여야 한다는 생각이 들다가도, 우리가 질병과 질병 아닌 것 사이의 구분 선을 명확히 그을 수 있느냐 하는 철학적 질문 앞에서 좌절을 경험하고 있거든요. 유전자조작 기술에 대한 문제에 접근할 때는, 깊은 철학적 고민과 그 바탕에서 나온 개인의 신념을 모두 살필 필요가 있습니다. 새로운 기술이 모든 사람을 철학자로 만들고 있는 건지도 모르겠네요.

이 문제에 더 쉽게 접근하는 방법은 차별의 관점에서 생각해 보는 것입니다. 요즘 회자되는 영화는 아닙니다만, 〈가타카〉가 유전자조작 그리고 인간 개인의 노력과 차별의 문제를 설득력 있게 제시했었지요. 이미 유전자조작이 보편화되어 모든 아이가 맞춤형으로 태어나는 사회에서 주인공은 '자연적'으로 태어난 열등 시민입니다. 하지만 그에겐 꿈이 있습니다. 우주비행사가 되어 저 먼 우주로 항해해 나가는 것입니다. 주인공은 꿈을 실현하기 위해 시스템을 속이기로 결심하고, 우등 시민이었지만 사고로 장애인이 된 사람을 만나 그의 신분 정보, 피, 털을 받아 비행사 훈련원에 들어갑니다. 하지만 드라마가 늘 그렇듯, 그의 노력은 성공하는 듯하다가 마지막에 커다란 위기에 봉착하고 정체가 탄로나게 됩니다. 주인공은 이 위기를 극복하고 우주로 떠날 수 있을까요?

〈가타카〉는 유전자조작이 보편화되었을 때 사회에 미칠 영향이 무엇인지 제시합니다. 그것은 유전자조작을 받은 사람과 받지 않는 사람 간의 차별이지요. 영화에선 물론 키나 외모 등도 유전자조작의 대상에 속하지만, 질병을 없애는 것도 기술 활용의 중요한 목적으로 제시됩니다. 주인공처럼 우주비행사가 되려 할 때, 그가 눈이나 심장에 문제가 있다면 개인만이 아니라 사회에도 부담이 됩니다. 그를 훈련시키는 데 들어간 많은 비용과 시간이 개인의 질병 때문에 헛된 것으로 날아가 버릴 테니까요.

하지만 그 모든 것이 가능성이라면, 누군가 태어날 때 유전자 검사를 통해 심장질환에 걸릴 가능성이 20%라면, 그 가능성 때문에 그 사람을 차별하는 것이 타당한 일인지는 다시 한번 생각해 봐야 할 일입니다. 심지어 40% 혹은 50%라고 확실하게 가능성을 말할 수 있는 상황이라고 해도 말이지요. 단지 훈련에 드는 비용이 아까워서 누군가의 꿈과 노력을 부정해야 하는 사회라면 그 사회가 잘못된 게 아닐까 하는 점도 짚어 봐야 할 것 같습니다.

샌델의 《완벽에 대한 반론》은 설득력이 강한 책이라 읽고 나면 '유전자조작은 질병 치료에만 사용하는 게 당연하지'라고 생각하실 수도 있을 텐데요. 그러나 샌델의 논지가 완벽하진 않습니다. 그에 비해 앨런 뷰캐넌의 《인간보다 나은 인간》은 상당히 균형 잡힌 관점에서 문제를 고찰하고 있습니다. 문제도 있지만, 기술의 가능성은 열어 놓아야 한다는 그의 주장이 현명한 것이라 서는 판단합니다. 앞서 이야기한 〈가타카〉와 유사하면서 또 다른 영화를 찾으신다면, 훨씬 가벼운 액션 영화인 〈아일랜드〉

나 동물 유전자조직과 학대의 문제를 다루는 〈옥자〉가 좋은 선택이 될 것 같습니다. 현실에서 어떤 일이 벌어지고 있는지를 놓고 청소년과 함께 이야기하고 싶으시다면, 다큐멘터리 〈부자연의 선택〉도 훌륭한 참고자료가 될 거예요.

마이클 센델, 《완벽에 대한 반론》, 김선욱·이수경 옮김, 와이즈베리, 2016

앨런 E. 뷰캐넌, 《인간보다 나은 인간》, 박창용·심지원 옮김, 로도스, 2015

레오 카우프먼·조 이젠더 감독, 〈부자연의 선택〉, 2019

마이클 베이 감독, 〈아일랜드〉, 2005

봉준호 감독, 〈옥자〉, 2017

앤드루 니콜 감독, 〈가타카〉, 1997

Q.
일곱 번째
질문

아이를 낳는 것은
누가 결정할까?

2019년 낙태죄 헌법불합치 판결 이후, 이 책의 출간을 앞둔 2022년 11월을 기준으로 봐도 기준으로 봐도 아직까지 구체적 입법이 이루어지지 않은 상황입니다. 앞으로 우리나라에서 임신 중절 관련 법안이 어떻게 결정될지 여전히 알기 어렵습니다. 앞서 설명한 숙려 모형을 따라갈 것이라고 예상은 하지만, 한동안 혼란이 일겠지요. 게다가 여성의 순결을 재산으로 여겼던 고대적 관념이 완전히 없어졌다고 보기 어려운 우리 사회에서 임신 중지를 성적 방종과 동일시하는 주장이 쉽사리 사라지지는 않을 테고요.

그러나 임신 상태에서 무엇보다 중요한 것은 여성이며, 모든 결정은 여성의 미래를 위해 내려져야 합니다. 자녀의 잉태를 불행으로 여기는 어머니로부터 태어난 아이에게 행복한 미래만 가득하리라고 생각하는 것이 환상이라면, 애초에 여성의 결정을 어떻게 도와주는 깃이 좋을지 논의하는 것이 타당하다고 봅니다.

하지만 이런 이야기를 자녀 또는 학생과 나누기란 무척 어렵습니다. 저도 제 딸이 커서 이런 이야기를 같이 하게 되는 시점이 오면 고민이 되리라고 생각합니다. 하지만 어려운 문제라고 덮어 둘 수만은 없으므로 좋은 조언을 주는 것이 어른으로서의 책임일 것입니다. 그리고 좋은 결정, 훌륭한 선택은 개인의 단독성에서 나오는 것이 아니라 주변 환경이 갖추어질 때 가능합니다. 우리에겐 이후 세대가 임신중지와 관련해 더 좋은 결정을 내리는 데 도움이 될 조건을 마련할 책임도 있지요.

이 문제는 개인의 결단이 중심이 되는 주제의 특성상, 영화를 통해 접근해 보면 도움이 되실 것 같아요. 고등학생 또는 대학생과 국가의 낙태 정책과 관련한 비판을 살펴보고자 한다면 〈4개월, 3주… 그리고 2일〉이 좋은 참조점이 됩니다. 루마니아의 차우셰스쿠 정권은 1966년, 국력 증가를 목적으로 임신중절 금지령을 내렸습니다. 1989년 이 법이 폐기될 때까지 원치 않은 임신을 한 여성은 임신중절 시술을 받기 위해 온갖 위험을 무릅써야 했습니다. 정확한 통계는 없지만, 당시 불법시술로 죽은 산모가 50만 명에 달한다는 이야기도 있습니다. 영화는 차우셰스쿠 정권하인 1987년, 임신중절 시술을 받으려 하는 한 여성과 그를 도우려는 친구의 이야기를 담고 있습니다. 강제되는 국가정책의 문제는 무엇인지, 과연 사회는 여성의 몸, 임신과 관련해 어떤 기준을 갖는 게 좋을지에 대한 생각을 던져 주는 작품이지요.

중학생과 같이 살펴볼 만한 작품으로는 〈24주〉를 추천합니다. 임신중지가 상당한 정도로 허용되어 있는 독일을 배경으로 한 이 영화는, 오랫동안 기다려 온 둘째를 임신한 여성의 이야기를 담고 있습니다. 하지만 기다렸던 아이에게 장애가 있음을 알게 된 주인공은 아이를 낳아도 될지 고민합니다. 자신이 잘 키울 수 있을지도 모르겠고 아이를 낳는 것이 오히려 아이를 괴롭히는 일이 될까 봐 괴로워하는 주인공의 생각을 영화는 조용히 따라갑니다. 이런 작품은 임신중지가 단지 선택권만의 문제가 아님을 잘 보여 줍니다. 결정에는 어머니로서 자신의 미래, 아이의 미래, 가족의 생활 등 여러 문제가 걸려 있지요. 이런 복합적인 문제를 혼자 결정하는 것은 불가능하고, 사실 아무리 도움을 얻는다 해도 현명한 결정이란 없는 상황일지도 모릅니다. 그저, 우리는 조금이라도 더 나은 방향을 찾고자 몸부림칠 뿐이지요.

—

앤 조라 베라치드 감독, 〈24주〉, 2016
크리스티안 문쥬 감독, 〈4개월, 3주… 그리고 2일〉, 2007

코로나19 백신,
위험하다는데 맞아도 될까?

　2022년 하반기에 들어서 코로나19의 위세는 많이 꺾였습니다. 물론, 종식된 것은 아니며 여전히 새로운 변이가 여러 국가에서 확산을 보이고 있습니다. 그러나 심각도나 위험도, 그리고 그에 대한 인식은 많이 바뀐 것 같습니다. 아직 확실한 치료제는 없고 앞으로도 등장 여부는 불명확하지만, 지금까지 위중증 환자 발생률이나 사망률이 높아지는 쪽으로 변이가 나타나지 않았기 때문이지요. 이런 상황이 자연적으로 이루어졌다고 보기는 어려울 듯합니다. 개인적으로는 백신의 빠른 개발과 접종이 이런 결과에 큰 도움을 주었다고 생각합니다.

　이 글의 운을 이렇게 떼는 것은, 코로나19 사태를 지나면서 개인적으로 느낀 소회가 있어섭니다. 한쪽은 과학을, 다른 한쪽은 자유를 말하면서 중간 지대를 허용하지 않는 상황에서 의료윤리학을 하는 사람으로서 마음 아픈 일이 많았습니다. 이 책을 자녀와 함께 집으셨다면, 그리고 감염병과 관련한 윤리의 문제를 함께 고민해 보게 된다면 아마 비슷한 아픔을 느끼실지도 모르겠습니다.

저는 백신접종이 지니는 이득이 분명히 있다고 봅니다. 과학적 접근과 증명 방식에 비록 허점은 있지만, 그렇다고 문제 있는 약물을 아무렇게나 쓰도록 국제 의학계가 방치하지도 않는다고 생각합니다. 하지만 이 말이 곧 누구나 백신을 맞아야 한다는 의미는 아닙니다. 그저 백신을 맞는다는 결정에는 충분한 근거와 이유가 있는 반면, 백신을 맞지 말아야 한다는 결정에는 근거보다는 공포가 더 많다는 것을 먼저 살펴야 함을 말씀드리고 싶습니다. 물론 그렇다고 '정부의 정책을 그대로 수용하자'라든지, 아무런 문제도 없었다고 말하는 것은 아닙니다.

이 문제를 살펴볼 때 꼭 권하고 싶은 책은 율라 비스의 《면역에 관하여》입니다. 비스는 이 책에서 면역과 백신을 생각하는 우리의 관점이 매우 '은유'적이라는 점을 지적합니다. 면역은 과학적으로 무척 난해한 분야이기에 의사도 잘 이해하지 못하는 부분이 있습니다. 다른 한편, 면역은 일상에 깊이 영향을 미치는 삶의 한 부분이기에, 사람들은 자신의 방식으로 면역을 이해합니다. 그럴 때 등장하는 것이 상징이고 은유인데, 비스는 아이의 백신접종에 관해 가졌던 공포나 의심을 상세히 털어놓으며 우리의 면역과 백신 은유를 세심하게 분석합니다. 아이들과 함께 읽으며 구석구석 이야기해 보기에 좋은 책입니다.

'팬데믹' 하면 소더버그 감독의 영화 〈컨테이젼〉을 떠올리는 분이 많으실 듯합니다. 영화의 초현실주의적인(여기에서 초현실이란 환상적이라는 것이 아니라, 오히려 현실과 매우 닮아 있음을 의미합니다) 접근은 시사하는 바가 많습니다. 특히 주드 로가 분한 기자 앨런 크럼위드는 전염병 앞에서 소문이 어떤 힘을 갖는지 잘 보여 주지요. 하지만 저는 감염병에 대해 이야기할 때 다른 영화들을 더 권하곤 합니다. 예컨대 좀비 사태는 감염병의 한쪽 극단이기에, 〈28일 후…〉를 보고 개인과 사회의 보호에 관해 토론하는 것이 흥미로운 일이 될 겁니다. 아직 에이즈 치료법이 없던 시절 직접 치료법을 찾아 퍼뜨리는 사람들의 이야기를 담은 〈달라스 바이어스 클럽〉은 의료제도가 보호하려는 것이 무엇인지, 개인은 그 안에서 무엇을 할 수 있는지에 관한 깊은 고민을 보여 주지요.

울라 비스, 《면역에 관하여》, 김명남 옮김, 열린책들, 2016
장 마크 발레 감독, 〈달라스 바이어스 클럽〉, 2013
대니 보일 감독, 〈28일 후…〉, 2002
스티븐 소더버그 감독, 〈컨테이젼〉, 2011

적게 먹어서라도
마른 몸이 되고 싶은 나,
이상한 걸까?

굶어도 되냐는 질문에 직접적으로 답하지 않은 것은 그 답이 오히려 사례자에게 부담을 줄 거라는 염려 때문입니다. "굶어선 안 돼"라고 말하면 굶어서 자신의 외형을 바꾸고 싶은 아이를 비난하는 일이 될 테고, "굶어도 돼"라고 말하면 사회적 시선과 자기 비난에 끌려다니고 있을지 모를 아이를 더 힘들게 만들 수 있기 때문이지요. 그러다 보니 에둘러 이야기하는 방식을 택하게 되었습니다.

아이는 여전히 의문이 남을 거라고 생각해요. "그래서, 저 굶어도 되나요?" 이 질문에 가부로 답하는 대신, 그 이유에 대해 같이 깊이 고민하는 시간을 가지면 좋겠습니다. 본문에서 제가 응시의 문제라고 말한 것은 청소년에게만 해당하는 이야기가 아니기 때문입니다.

좀 더 심도 있게 이 문제를 다루려면 거식증에 관해 생각해

볼 필요가 있어요. 단, "굶다 보면 거식증에 걸리니까 굶으면 안
돼!"라고 말하기보다 거식증이 어떤 원인으로 나타나는지, 질병
을 둘러싼 사회적 인식과 낙인의 실제 양상은 어떠한지 살펴보
는 게 더 중요할 듯합니다.

박지니 작가의 《삼키기 연습》을 읽어 봐도 좋겠습니다. 오랫
동안 거식증을 앓아 온 작가는 이 책에서 자신의 삶을 어떻게
꾸려 왔는지를 조심스럽게 드러냅니다. 그의 이야기를 통해 음
식을 먹는다는 것, 그 일에 다가갈 수 없다는 것이 우리 삶에서
무엇을 의미하는지를 생각해 볼 수 있습니다.

넷플릭스에서 서비스 중인 영화 〈투 더 본〉은 거식증을 앓는
엘런의 이야기입니다. 엘런은 거식증 치료에 계속 실패합니다.
영화의 절반 정도는 엘런의 실패를 반복해서 보여 줍니다. 가족
과 함께 치료를 시도하거나 치료 시설에 가도 계속 문제만 겪는
그의 모습을 따라가는 것이지요.

이 영화는 음식에만 모든 초점이 가 있는 상황을 바꾸는 것
에서 해결이 시작될 수도 있다고 말합니다. 엘런의 경우 사람들
과의 관계가 출발점이 되는데요. 엄마, 새엄마, 이복누이 그리고
다른 환자들과의 관계가 바뀌면서 엘런은 나을 수 있다는 희망
을 얻게 됩니다. 물론 영화의 결론을 일반화할 필요는 전혀 없지
요. 단 사회의 눈에, 자기 비난에 지쳐 있는 사람에게 가족의 유

대를 말하는 영화가 주는 위안을 나누고 싶습니다. 지금 우리에게 필요한 것도 그것일지 모르겠어요.

박지니, 《삼키기 연습》, 글항아리, 2021
마티 녹슨 감독, 〈투 더 본〉, 2017

아픔에도
우선순위가 있을까?

  의료자원의 분배 문제에 대해서는 부모님, 선생님도 이해하기 어려우시리라는 생각이 들어요. '왜 의료자원이 모자라지? 현대사회에서 애초에 자원이 모자라다는 게 말이 되나?' 하는 의문이 꼬리를 물 수도 있을 것입니다. 이런 생각은 우리 제도가 의료자원을 잘 관리해 왔다는 방증일 것입니다. 외국처럼 비싼 치료비 때문에 상당수의 국민이 치료를 받을 수도 없거나, 치료를 받으려면 몇 달씩 기다려야 하는 상황을 만들지 않으면서 최대한 많은 국민에게 폭넓은 서비스를 전달해 온 것이 한국의 의료였으니까요.

  문제는 이런 방식이 지속 가능하지 않다는 데 있습니다. 이를테면, 척수성 근위축증이라는 유전질환이 있습니다. 국내에선 매년 30명 정도의 아기가 이 병을 가지고 태어나고, 과거에는 적절한 치료법이 없어 세 살 이전에 사망했지요. 의학 기술의 발전으로 이 병을 주사 한 번에 완치할 수 있게 되었습니다. 노바티스 사(社)가 개발한 졸겐스마라는 치료제인데요. 효과는 대단하지만 문제가 있습니다. 1회 투약에 약 25억 원의 비용이 든다는 점입니다. 물론 생명을 살리는 데 25억 원이면 큰 비용이 아니라고 생각할 수도 있습니다. 그런데 1년에 30명이 이 약을 투여받으려면 750억 원의 재정이 필요합니다. 국민건강보험의 1년 재정이 75조 원(2021년, 건강보험급여비 기준)이므로 1,000분의 1밖에 안 되지만, 거꾸로 생각하면 5,000만 국민이 나누어 쓰는 급여비의 1,000분의 1을 30명에게 쓴다는 건 분명 쉽지 않은 결정이지요.

물론 가족이나 아이 처지에선 매번 주사를 맞는 것보다 한 번만 맞는 게 당연히 좋지요. 그러나 '그것을 위해 25억을 들여도 되는가?'라는 점이 사람들을 멈칫하게 했습니다. 결국 제한적으로 약제에 대한 급여가 허용되었고, 같은 질환이지만 보험 혜택을 받지 못하는 경우가 발생하고 있습니다(가장 위험도가 높은 척수성 근위축증 제1형에만 급여가 적용되기에, 위험도가 조금 낮지만 여전히 치료가 필요한 제2형은 해당되지 않습니다).

너구나 앞으로 이런 사례는 계속 늘어닐 깁니다. 면역 힝임제가 대표적 경우일 테고, 워낙 상황이 상황인지라 그렇지만 코로나19 치료제도 다섯 번 먹는 데 90만 원이라는 만만치 않은 비용이 들어갑니다. 목숨 앞에서, 좀 더 넓게는 건강 앞에서 각자의 요구는 타당하기 때문에 그저 효율적으로 나누어 쓰라는 말은 이런 결정에 적용되기 어렵습니다. 이런 치료제도, 재료도, 심지어 의료인도 나누어 쓰는 일은 치료 결과를 저해하게 될 것이기 때문입니다.

따라서 우리는 이제 의료자원에 대한 접근 문제를 더 진지하게 논의해야 합니다. 그 결정에 관해 전문가 한 명이 발언하는 것은 경제학적 접근에선 타당할지 모르나, 윤리와 정의의 관점에선 적절한 방법이 아닐 수 있습니다. 누구에게 의료자원이 주어져야 하는지 모두가 같이 고민해야 합니다.

〈피 속의 혈투〉라는 다큐멘터리는 에이즈 치료제를 필요한 만큼 구입할 수 없는 아프리카 국가들에게 선진국 제약회사가 어떤 행태를 보이는지를 담고 있습니다. 물론 제약회사가 돈벌이에 혈안이 되어 사람들의 생명을 담보로 잡고 있다는 식의 일방적 관점은 공정해 보이지 않습니다. 그러나 이 문제를 균형 잡힌 시선으로 담아내긴 쉽지 않기에 논의를 위해선 이런 작품을 비판적으로 볼 필요가 있지요.

작품은 특허권을 계속 비난합니다. 생명을 살리기 위한 약에 특허권을 부여하는 것은 잘못이라는 논지까지 나갈 수 있는데, 이런 주장은 양날의 칼로 작동할 수 있지요. 지금도 비용 보장이 제대로 되지 않는 질병들은 투자도 잘 이루어지지 않아 약 개발이 더디거나 중단된 경우가 많습니다. 제약회사도 기업이기에 이윤을 추구하는 것이 일차적 목적일 것이고, 특허권을 보장받지 못하는 약에 회사가 막대한 돈을 투자해 개발할 이유는 없을 수 있습니다. 그래도 우리는 신약에 특허권을 부여하지 말라고 이야기해야 하는 걸까요?

답은 생각보다 복잡합니다. 한쪽을 비난하기만 해선 해결책을 얻기 어렵지요. 어찌 보면 이런 결정은 모두가 합의할 수 있는 중간점을 찾아가는 괴롭고 힘겨운 논의의 반복일 수 있어요. 하지만 우리에게 필요한 것은 바로 그런, 어렵지만 꼭 필요한 논의를 시작하는 그 한 걸음입니다.

—

딜런 모한 그레이 감독, 〈피 속의 혈투〉, 2012

유튜브에
의료광고가 나와도
괜찮은 걸까?

의료광고, 더 넓게는 의료 커뮤니케이션을 둘러싼 환경은 SNS라는 요인도 있지만 코로나19로 인해 더욱 빠르게 변하고 있습니다. 아시겠지만, 코로나19 팬데믹 사태에서 의료인이나 보건당국의 발언이 사회적으로 해석되면서 사람들이 방역 정책이나 바이러스와 관련된 대상을 대하는 태도나 인식이 바뀐 적이 여러 번 있었지요. 또 SNS, 유튜브의 영향으로 사적 공간의 대화와 공적 공간의 담론 사이 구분이 점차 사라지고 있는 것 같습니다. 이전에는 몇몇 사람만 알고 잊힐 말실수가 온라인 공간에 남아 계속 회자되는 '온라인 박제'라든지 본문에서 살핀 치료경험담과 의료광고 사이의 불분명한 구분 등이 대표적 사례겠지요.

따라서 이전처럼 의료광고 규제라는 거시적인 틀로만 이 문제를 다루면 한계가 분명합니다. 사람들은 점점 더 많은 정보를

SNS와 유튜브에서 얻는 동시에 정보 생산자로서 기능하고 있습니다. 이런 현상은 의료 관련 정보에도 해당됩니다. 아직 다른 영역에 비하면 그 적용 정도는 덜하다는 차이가 있을 뿐이겠지요. 이때 중요한 것은 정보를 다루는 각자의 책임에 대한 인식이라고 생각합니다. 예전에는 언론사나 광고 제작자만 발언에 대한 책임을 졌지만, 이젠 모두가 자기 발언에 따른 책임을 알고 그에 걸맞은 행위를 해야 하는 시대가 되었으니까요. 우리 아이들도 여기에서 자유롭지 않을 것입니다.

미리부터 이런 내용을 알려주고 고민해 볼 수 있도록 돕는 것은 어른으로서의 책임이기도 합니다. 우리는 배우지 못했는데 어떻게 아이들에게 알려줄 수 있느냐고 반문하실 수도 있을 텐데요. 아이들이 우리의 좌충우돌을 보고 배우도록 할 수도 있겠습니다만, 그보다는 같이 고민을 나누고 이야기 나누는 게 더 좋은 방향이라고 생각합니다.

사실 이런 내용은 상당히 새로운 고민이기에 참고자료로 삼을 만한 게 별로 없긴 해요. 참, 〈블랙 미러〉 시리즈에서 비슷한 내용을 다루고 있으므로(물론, 의료에 관한 내용은 아닙니다만) 참고하실 수 있겠으나 미디어 기술의 부정석 측면을 다루는 과정에서 아이들과 같이 보기에 자극적인 전개도 있어 유의가 필요합니다. 생각을 정리하기 위한 자료로 아이들과 이야기 나누기 전에 먼서 참고 삼아 보시면 좋겠습니다. 특히, 시즌 3의 '추락'이나 시즌 5의 '스미더린'이 SNS가 지닌 고유의 문제들을 지적하고 있습니다.

———

찰리 브루커·애너벨 존스 제작, 〈블랙 미러〉, 2011~

헬스 앱에 저장된
내 데이터는 어디로 갈까?

본문에서 소개한 내 몸에 관한 데이터, 즉 건강 데이터 활용에 관한 논의는 제가 논문 등에서 펼친 주장을 축약한 것입니다. 저는 적어도 건강 데이터 활용에 있어선 이것이 현재 타당성을 지닌 유일한 논의라고 생각해요. 본문에서 다룬 것처럼, 건강 데이터를 정보 주체(데이터의 출처인 사람)가 직접 판매하는 것에는 문제가 있습니다. 절차적 문제를 떠나 내 몸을 사고팔 수 있느냐 하는 질문과 이어져 있기 때문입니다.

더구나 인터넷 공간이 또 하나의 세계가 되고 있는 지금, 데이터는 인터넷의 내 몸을 이루는 일부이기도 하고요. 물론 사고파는 것이 어떤 대상의 권리 소유에서 가장 중요한 부분이긴 하지만, 권리를 꼭 사고파는 방식으로만 부여힐 필요는 없으니까요. 저는 통제권이 더 중요하다고 생각하고, 건강 데이터의 통제권을 우리가 더 강하게 요구해야 한다고 봅니다. 기업이나 정부가 건강 데이터를 활용하는 방식에 그 주인들이 직접 개입하고 의견을 제시할 수 있어야 한다는 것이지요.

이런 과정이 제도화될 수 있을까요? 기업과 정부는 이런 방향을 원하지 않을 거라고 생각해요. 차라리 돈을 주고 마음대로 쓰도록 하는 게 낫다고 판단할지도 모르겠습니다. 하지만 그런 방식으로 활용 결정에 원주인을 배제하는 방식은 잘못입니다. 건강 데이터 활용과 관리에 있어 정보 주체는 그 권리를 약화하려는 시도에 맞서 목소리를 높일 필요가 있지요.

'데이터 권리' 또한 상당히 최근에 생겨난 쟁점이기 때문에, 소설이나 영화가 이런 내용을 직접 다루는 경우는 잘 없습니다. 본문에서 말씀드린《헨리에타 랙스의 불멸의 삶》이 좋은 책이긴 한데, 현재 절판이라서 자녀와 같이 보기는 어렵습니다. 혹시라도 도서관에서 빌려 보실 수 있다면 좋은 선택이 될 것 같아요. 인종 차별과 같은 쟁점도 살필 수 있고요.

———

레베카 스클루트, 《헨리에타 랙스의 불멸의 삶》. 김정한 · 김정부 옮김, 문학동네, 2012

장애는 치료해야 하는 것 아닌가?

한 장애 운동가는 유튜브 영상에서 이렇게 말합니다. "우리가 시위하는 이유는요, 그렇게 하지 않으면 아무도 관심을 가지고 바꾸려고 하지 않기 때문이에요." 사람들이 당연하다고 여기는 이동의 자유와 취업의 자유 등을 장애인은 투쟁해서 얻어 내야 합니다. 장애인들의 시위가 초래하는 불편으로 인해 불쾌함을 느끼시는 분들도 있음을 잘 압니다. 그러나 당연한 것이 허용되지 못하는 사회에 살고 있는 사람들에게 우리가 제대로 응답하고 있지 않다면, 우리 자신부터 돌아보아야 하는 것은 아닐까 하는 생각도 해 봅니다.

하나 더, 본문에서 언급한 장애인권운동은 일단 크게 정체성 정치에 속하는 것으로 볼 수 있고, 이에 대해서 여러 논의가 있다는 점을 검토할 필요가 있을 것 같습니다. 무조건 옹호하긴 어려운 부분이 있는 것도 사실이니까요. 특히 장애를 본질화하는 것은 위험하다는 점을 생각해 볼 필요가 있지요. 정체성 정치에서 강조하는, 장애가 지닌 특성을 긍정하는 방향은 장애가 생물학적·물리적 조건으로 결정된다는 생각을 강화하고, 장애인 내부의 위계를 만들 위험이 있거든요. 그러나 최소한 우리나라의 상황에서 정체성 정치의 주장은 아직 유효하다고 생각합니다. 따라서 그 논의는 일단 사회 일반에서 장애가 인정받은 다음에 해도 늦지 않을 것 같다는 것이 제 개인적인 평가입니다. 이 부분은 얼마든지 다르게 접근할 수 있으므로 같이 고민해 보셔도 좋을 것 같습니다.

장애와 그 삶을 다룬 작품은 워낙 많아서 다양하게 찾아볼 수 있습니다. 우선 영화를 떠올릴 수 있는데, 장애에 대한 특정 시각 또는 고정관념을 강화할 위험도 없지 않습니다. 실제로 장애인이 주인공이나 중요 조연으로 등장하는 국내의 여러 영화는 장애인 당사자들로부터 여러 비판을 받았습니다. 사회에 '쓸모 있는' 장애인만 그려 내거나, 장애인의 현실 또는 의견을 올바로 반영하지 못했다는 것입니다.

이런 점에서 보면 영화보다 책이 더 좋은 선택이 될 수도 있을 것 같아요. 김원영 변호사의 《실격당한 자들을 위한 변론》은 장애인 당사자로서, 또한 변호사이자 국가인권위원회 장애차별 조사관으로서 본인의 경험을 통해 장애와 권리, 존엄의 문제를 세밀한 필치로 다루었습니다.

김초엽 작가의 《우리가 빛의 속도로 갈 수 없다면》은 SF 단편 소설집입니다만, 작품이 다루는 주제는 신체의 제한과 맞닿아 있어 장애와 연결해 생각해 보기 좋습니다. 표제작인 〈우리가 빛의 속도로 갈 수 없다면〉은 폐쇄된 우주정거장에 남아 냉동 수면을 반복하며 가족을 만나기를 기다리던 안나라는 과학자의 이야기입니다. 가족이 있는 별을 향해 우주선이 운행하지 않기 에, 우주정거장이 철거되면 안나는 지구로 되돌아가야 합니다. 작품의 화자는 정거장을 철거하고 안나를 지구로 데려가려 하 지만, 그가 다른 일을 하는 사이 안나는 가족이 있는 별로 떠납 니다. 아주 작은 우주선을 타고 말이지요. 큰 우주선도 갈 수 없 는 곳이기에, 안나의 선택은 자살 또는 무용한 것으로 여겨집니 다. 그러나 안나는 자신이 무엇보다 소중하게 여기는 것을 선택 하지요. 장애를 바라보는 시선 또한, 이 이야기 위에 겹쳐 볼 수 있습니다.

마지막으로 두 사람이 함께 쓴 《사이보그가 되다》를 권합니다. 인간의 몸과 발전하는 과학기술이 어떻게 만날 수 있으며 만나 야 하는지를 장애 경험을 통해 모색한 이 책은 새로운 세계를 상 상합니다. 그 세계는 눈이 휘둥그레지는 놀라운 과학의 향연도 자립하는 인간들의 강인한 세계도 아닙니다. 휠체어와 보청기를 통해 기계-몸, 사이보그를 늘 경험하며 살았던 두 사람이기에 무엇보다 중요한 것이 연결 또는 연대임을 강조합니다.

———

김원영, 《실격당한 자들을 위한 변론》, 사계절, 2018
김초엽, 《우리가 빛의 속도로 갈 수 없다면》, 허블, 2019
김원영·김초엽, 《사이보그가 되다》, 사계절, 2021

$$\boxed{\text{주}}$$

— 첫 번째 질문

나도 치료를 결정하는 데 참여할 수 있을까?

1 Faden RR, Beauchamp TL, *A History and Theory of Informed Consent*, Oxford University Press, 1986, p.123.

— 두 번째 질문

중2병이라고들 하지만, 나 우울증 아닐까?

1 박진우·허민숙, 〈아동·청소년의 정신건강 현황, 지원제도 및 개선방향〉, NARS 현안분석, 2021.5.11.

2 양윤란·오경자, 〈청소년기 사회불안의 발생과 유지의 심리적 기제 II: 6개월 추적조사〉, 《한국심리학회지 임상》, 2003; 22: 557-576.

3 "Covid-19 pandemic triggers 25% increase in prevalence of anxiety and depression worldwide", WHO, 2022.3.2., https://www.who.int/news/item/02-03-2022-covid-19-pandemic-triggers-25-increase-in-prevalence-of-anxiety-and-depression-worldwide/.

4 "Epidemiology", ADHD Institute, 2021.3., https://adhd-institute.com/burden-of-adhd/epidemiology/.

5 "State-based Prevalence of ADHD Diagnosis and Treatment", CDC, (Page last reviewed: 2020.9.3.) https://www.cdc.gov/ncbddd/adhd/data/diagnosis-treatment-data.html/.

6 앨리슨 클레이먼, 〈테이크 유어 필즈〉, 2018.

— 세 번째 질문
다양한 성과 젠더, 어떻게 대해야 할까?

1   주디스 버틀러, 《젠더 트러블: 페미니즘과 정체성의 전복》, 조현준 역, 문학동네, 2008.

— 여덟 번째 질문
코로나19 백신, 위험하다는데 맞아도 될까?

1   Benecke O, DeYoung SE, "Anti-vaccine decision-making and measles resurgence in the United States", *Global Pediatric Health*, 2019.7.24.,: 6:2333794XX19862949.

2   Larson H, *Stuck: How Vaccine Rumors Start-and Why They Don't Go Away*, Oxford University Press, 2020.7.16.

3   〈국내 발생 현황〉, 중앙사고수습본부, 2022.10.26., https://ncov.kdca.go.kr.

4   〈코로나19 예방접종 안전성 보고서〉, 코로나19 예방접종대응추진단, 2022.10.13., 질병관리청 홈페이지(ncv.kdca.go.kr.)

— 아홉 번째 질문
적게 먹어서라도 마른 몸이 되고 싶은 나, 이상한 걸까?

1   https://www.oecd-ilibrary.org/social-issues-migration-health/health-at-a-glance-2021_0f705cf8-en

2   "Facebook knows Instagram is toxic for teen girls, company documents show", *The Wall Street Journal*, 2021.9.14., https://www.wsj.com/articles/facebook-knows-instagram-is-toxic-for-teen-girls-company-documents-show-11631620739/.

3   "Facebook is changing its name to Meta as it focuses on the virtual world", *The Washington Post*, 2021.10.28., https://www.washingtonpost.com/technology/2021/10/28/facebook-meta-name-change/.

— 열 번째 질문
아픔에도 우선순위가 있을까?

1 〈이식현황〉, 한국장기조직기증원, 한국장기조직기증원 홈페이지(https://www.koda1458.kr/).

2 "Steve Jobs Undergoes Liver Transplant", ABC News, 2009.6.6., https://abcnews.go.com/Technology/story?id=7888162&page=1/.

— 열두 번째 질문
헬스 앱에 저장된 내 데이터는 어디로 갈까?

1 레베카 스클루트, 《헨리에타 랙스의 불멸의 삶》, 김정한·김정부 옮김, 문학동네, 2012.4.7.

아픔에도 우선순위가 있나요?

1판 1쇄 발행일 2022년 12월 5일
1판 3쇄 발행일 2024년 4월 15일

지은이 김준혁

발행인 김학원
발행처 (주)휴머니스트출판그룹
출판등록 제313-2007-000007호(2007년 1월 5일)
주소 (03991) 서울시 마포구 동교로23길 76(연남동)
전화 02-335-4422 **팩스** 02-334-3427
저자·독자 서비스 humanist@humanistbooks.com
홈페이지 www.humanistbooks.com
유튜브 youtube.com/user/humanistma **포스트** post.naver.com/hmcv
페이스북 facebook.com/hmcv2001 **인스타그램** @humanist_insta

편집주간 황서현 **편집** 김나윤 남미은 **디자인** 유주현 **일러스트** 배누
용지 화인페이퍼 **인쇄·제본** 정민문화사

ⓒ 김준혁, 2022

ISBN 979-11-6080-689-2 43190